80%

[ ≠ RESULT]

結果は「行動する前」に8割決まる

世界上位2%だけが知っている「達成思考」仕事術

金田博之

80% OF THE RESULT DEFINED BEFORE ACTION

KANEDA HIROYUKI

日本実業出版社

「行動する前」にもう差がついていた

結果は簡単に出るものではありません。

結果が簡単に出るなら、ビジネス書を買い求めたり、勉強会やセミナーに参加したりする必要はありません。多くの人がスキルやマインドを高める努力をしているのは、仕事をしている以上は結果が重要で、しかも結果はなかなか出せるものではないという事実を知っているからではないでしょうか？

結果を求められない人はいません。たとえ新入社員であっても、新入社員なりの結果は求められるものです。

結果は簡単に出るものではないのに、いかにも簡単そうに結果を出す「デキる」人がいるのも事実です。私がそれを痛感したのは、全世界の営業企画（戦略）の責任者が出席する会議で、アメリカに出張したときでした。

そこに集まるアメリカ、ロシア、ドイツ、中国、韓国、シンガポールなどの「世界上位にいる人たち」の意識や行動にふれるうちに、結果は「行動する前」に決まるのではないかと考えるようになったのです。

デキる人は「行動する前」に何をしているのか？

世界上位にいる人たちは「何を、何のために、どうするのか？」を「行動する前」に徹底的に考えているのです。

「何を」については、「目標設定の高さ」が違います。

登山で言うと、世界最高峰のエベレストの登頂と東京にある高尾山の登頂を目指すのとでは、必要な準備がまったく違います。ビジネスで言うと、目標105％を目指している人が、200％を達成することなど例外をのぞいてありません。

「何のために」については、「目的の明確さ」を重視します。

例えば、プレゼンは、聞き手をその気にさせるための手段であり、発表そのものが目的ではありません。会議も、目標を達成するための手段であり、会議を開くことそのものは目的ではありません。目的を明確にして行動すれば、手段が目的化することは避けられます。

「どうするのか」については、「行動の速さ」を重視します。

高い目標を達成するために、物事をスピーディかつ確実に実行していきます。行動につながらなければ、ほとんど意味がないと考えています。

これらは「スキル」であり、鍛えることが可能なのです。

目標の250%を可能にする世界最高峰のスキルを盗め

何より私が驚いたのは、彼らが結果を追い求めるプロセスそのものを楽しんでいることです。しかもアフター5の家族との時間なども楽しんでいるのです。彼らは短時間で高い結果を生み出す働き方をしていました。

これは私にとってショックな出来事でした。外資系企業でそれなりの結果を出して世界のレベルで働いているつもりでした。しかし、深夜までの残業や休日出勤が日常になってしまっていた私は、効率的に高い結果を生み出す彼らを見て自分が大したレベルではないという現実に気づかされました。

しかし同時に、興奮も覚えました。彼らのビジネススキルを吸収すれば、彼らのように結果を出せるのだということに気づいたからです。そこで私は彼らのスキルやノウハウを徹底的に真似することにしたのです。

彼らの「行動する前」のノウハウを吸収すれば、仕事の進め方に「革新」を起こすことも可能なのです。事実、私は、自分でも驚きましたが、目標の250%を達成することもできましたし、日本での成功事例をベストプラクティス（最高の実践例）として世界に発信することもできました。

本書は、私が学んだ「行動する前」についての世界最高峰のスキルを、日本ですぐに使える形で紹介するように心がけました。国際化がますます進んでいく現在にあって、こうしたスキルを高め、経験を積んでいくことの重要性は高まるでしょう。

本書を通じて、多くの方が日本から海外に視野を広げ、海外から日本へ自分に必要なものを取り入れ、スピーディに競争力を高めていくお手伝いができれば幸いです。

著者　金田博之

※なお、本書で述べている内容については、著者個人の見解にもとづくものであり、ＳＡＰによる公式の見解ではありません。

結果は「行動する前」に8割決まる

世界上位2%だけが知っている「達成思考」仕事術

80% OF THE RESULT DEFINED BEFORE ACTION

CONTENTS

第4章

「コミットメント」で“初速”を上げて一気にやりきる

CONTENTS

第6章

“ダラダラ会議”から脱却させる「ファシリテーション」

CONTENTS

CONTENTS

装幀&本文デザイン 中村勝紀(TOKYO LAND)

序章

PROLOGUE

結果は「行動する前」に8割決まる

「結果が先か、行動が先か」――という議論が交わされることがあります。世界に目を向けると、結果が先だという意見が大半を占めます。結果をイメージすることによって、行動が決まるのだと言います。世界を見渡せば日本で使えるビジネススキルが山のようにあります。そのノウハウをのぞいてみましょう。

80%
OF THE RESULT
DEFINED BEFORE
ACTION

PROLOGUE

結果は「行動する前」に8割決まる

結果が先か、行動が先か

「結果」と「行動」について話すときに決まって議論になるのが、「結果が先か、行動が先か」というものです。これについてはそれぞれに見解があります。

「結果が先」と言う人は、目的地のないドライブなどありえないと主張します。目的地があるからこそ、道筋も明らかになるのだと言います。

一方、「行動が先」と言う人は、結果がいくら明確であっても、事態は常に変化するものだから、とにかく行動することが大切だと言います。

みなさんはどのように考えるでしょうか？

それぞれの言い分にもっともらしい部分があります。どちらが正解というわけでもないし、どちらも間違いではありません。

それではビジネスの世界はどうでしょうか？

国内外問わず一流の人にこの質問をぶつけると、ほぼ全員から「結果が先だ」という答えが返ってきます。そのなかの一人、東大法学部の出身者は受験を例に話してくれました。

大学受験における成功を、仮に「より高い偏差値の大学」に受かることと定義しましょう（もちろん偏差値がすべてではありませんが）。

受験勉強においては、多くの受験生は教科書とカリキュラムにそって勉強していくのが一般的です。つまり行動の部分から入っていきます。そして、自分の偏差値に合わせて志望大学を決めます。

一方、東大の入学試験に合格した人たちの勉強の方法を聞いていると、実は一定のパターンがあります。過去問20年分を見て、どのような問題が出題されたのかを見ているのです。そして「東大合格」という結果のために、どのような勉強をすればいいのかを考え行動していきます。

多くの受験生は「行動」から入るのに対し、東大合格者は「結果」から入っているのです。

○「行動する前」に注力する

ビジネスにおいてもこの構図は当てはまります。高い実績を残している人は「結果」を明確にして、そのために必要なことは何かを考えているのです。**世界の一流の人のほとんどは、到達するべき「結果」を設定してから、それを達成するために「行動」を定義します。**

ここで浮かんでくる疑問が「結果を決めていても、その目指すべきゴールが違っていたらどうするのか」というものです。結果を「行動する前」にイメージしておくと、行動してから間違いに気づいたときに、その原因がどこにあるのかを検証しやすくなります。当初のイメージとどこが違うのかに注目すれば、どこを修正すればいいかがわかりやすくなります。

結果を想定せずに行動してしまうとどうでしょうか？　動き出してから何かが違うと違和感を覚えたときに、その原因がわからないということもあります。これでは「打ち手」を見い出せず、仕事が思うように進まなくなってしまいます。この手戻りの時間、模索の時間は大幅なロスになってしまいます。

PROLOGUE

世界最高峰のスキルを日本で使い倒せ

"Think Globally, Act Locally."で仕事が変わる！

"Think Globally, Act Locally."

この言葉を初めて聞いたのは3年前です。日本語で解釈すると「世界思考でものごとを見て、身近な地域で行動しなさい」という意味合いになります。

私がそれなりの結果を出せている理由は、「グローバル」と「ローカル」を組み合わせて「個性」をつくってきたからです。世界にあって日本にない思考や行動術を組み合わせてきたのです。これを私は**「グローカル思考」**と呼んでいます。

海外ではすでに実践されていて、日本では展開されていないビジネスモデルがあります。身近な例ではツイッターやフェイスブックがそうでした。アメリカ人の友人に誘われたことがきっかけで、私は日本でフェイスブックが広がる前から利用していました。

海外に目を向けていると、新しいキーワードがどんどん入ってきます。ビジネスモデルだけでなく、各種理論によって自分を理論武装することもできます。

例えば、『ブルーオーシャン戦略』が日本で翻訳された２００５年よりも以前に、この理論にふれることができました。人材採用に課題意識を感じていたときは〝ターゲットセレクション、Target Selection〟、組織管理に課題意識を感じていたときは〝プレディクティブインデックス、Predictive Index〟などの理論をいち早く知ることができました。

世界に目を向けて、日本で行動することの重要性は、高まることはあっても衰えることはないでしょう。これらはもちろん個人が仕事を進めていくうえでの仕事術も海外から学ぶべきことがたくさんあります。

世界に目を向ければ、「個性」が日本で磨かれる

ＩＴ業界では、**「Ｇ－ＧＯの法則」**が広く知られています。

「Garbage In, Garbage Out.」の頭文字を取ったもので、「ゴミのようなデータを入力しても、ゴミのようなデータしか出ない（たとえどんなにいいプログラムを使っても）」ことを意味します。裏を返せば「いいデータを入れれば、いいデータが出る」。つまり「良質のインプットは、良質のアウトプットを生み出す」のです。そして、人と違う結果を出そうと思えば、人とは違うインプットをしておけばいいのです。

グローカル思考はビジネスにおけるスキルアップにも活用すべきものです。これから企業が成長を目指すには２つのアプローチがあります。１つは、海外の需要を日本に取り込むこと、もう１つは日本国内の需要を顕在化させることです。

これは個人の仕事術においてもそうです。世界の仕事術を取り込んでおけば、個人の成長に大きく寄与します。**日本での仕事のやり方、あるいは自分のスキル向上に限界を感じている方にとって、グローカル思考は大きな成長の要素を秘めている**のです。

日本でみんなと同じことを思考し行動していたら、周囲から抜きん出た結果を出すことはできません。自分が解決したい課題に対して世界の実践例を取り込むことで、実行力を磨くのです。

日本と同じく海外でも様々な仕事の工夫、コミュニケーションの工夫があります。それらは日本での実践において大変参考になります。私自身海外で実践されている工夫を日本で取り入れることで、仕事の進め方にバリエーションが増えました。

たとえ日本で仕事に自信がある人も、その比較対象を世界に移せば、まだまだ成長の余地はあります。「はじめに」でふれたように、私自身がそこそこの自信をもってアメリカに行ったものの、成長する必要性を強く感じました。

逆に日本での仕事に自信がなくても、グローバルの工夫を取り入れることで飛躍的に自分の個性やスキルを強化することができます。

他国の実践例を盗み、日本流にアレンジする

グローバル共通の視野を持ち「では自分は何を取り入れ、どう行動するか?」を考えることが重要です。日本での課題は、海外でも同じように課題として認識されていることが多く、すでに解決されていることもよくあります。ほかの国で解決されていることがあれば、すぐに行動に移すことで短期的な成果につなげられるのです。

例えば会議のスキルを実践しようとしたとします。

海外で実践されていることをそのまま日本で実行しようとしても、違和感があることもあります。海外の会議では、立場や役職にはそれほどこだわらずに参加者が積極

的に発言をします。日本の会議ではなかなかそうはいかないでしょう。しかし、「参加者の発言を引き出す」という目的においては、海外の人たちがやっている質問の工夫は大変参考になります。

また日本には、日本特有の根回しの文化があります。海外のようにロジックでは必ずしも通用しないこともあります。しかし、海外で「エグゼクティブプレゼンス理論（役員への見せ方）」を勉強したことがありますが、トップに対する説得力のあるプレゼンを身につけておけば「根回し」もより円滑に回るでしょう。

ほかにも、グローバルのスケールで会議に参加すると日本以上に会議の生産性にこだわっていることがわかります。会議の終わりに必ず「次の行動」を文字に落とし込み、関係者で合意するステップは、日本でも大変参考になります。

このように、自分が日本で実践する際の課題意識や目的意識がしっかりあれば十分に応用できるのです。

海外の事例を知り、それを日本にあう形で実行する。それが私がみなさんに伝えたい〝**世界に目を向けて、地域（日本）で実行しよう**〟というメッセージなのです。

・世界の一流は「結果」から考える
・世界の仕事術を日本で取り入れる
・世界に目を向けて自分の成長の限界を打ち破れ

POINT
PROLOGUE

1

デキる人を「ベンチマーク」してスキルを盗む

ドイツ資本の会社に新卒で入社した私は、同期に比べると「学歴なし、技術力なし、英語力なし」で最後尾からのスタートでした。早く結果を出すために、上司を徹底的に真似しました。自分流を追求するより、真似たほうがうまくいくものです。本章では結果を出している人を「ベンチマーク」し、短期間で成長するノウハウを紹介します。

80%
OF THE RESULT
DEFINED BEFORE
ACTION

①

結果を出している人を「ベンチマーク」する

80%
OF THE RESULT DEFINED BEFORE ACTION

「自分流」より徹底的に「真似る」ほうがうまくいく

結果を出すための近道は、結果を出している人を「ベンチマーク」することです。ベンチマークとは、もともと測量の分野で水準点のことを指します。ビジネスの分野でも競合企業がどうやってお金を儲けているか、ビジネスモデルを研究する際にもよく使われます。

早く結果を出すために、個人においても優れた人をベンチマークして徹底的に真似します。つまり、誰かの優れた部分を自分に吸収するために真似るのです。ほんの一握りの天才以外は、「自分流」よりも徹底的に「真似る」ほうがうまくいきます。オリジナリティはあとからついてくるというのが私の考えです。

私自身は、マーケティングの部署にいた20代のときには、上司の行動をできるだけ真似ることを意識していました。副社長補佐のときには、副社長や営業部門の責任者として数字についての目標設定から実行責任までを、お世話になっていた外部のコンサルタントからは戦略コンサルティングを学ぼうと意識していました。

自分の職場の「デキる」人、つまり結果を出している人をベンチマークするのです。どんな職場でも一目置かれている「デキる」人はいるものです。その人を見たときの反応は大きく2つに分かれます。

1つは、「あの人はスゴい」と憧れだけで終わる人。そしてもう1つは、「あの人はスゴい。何か学べるところはないか？」と見本として考える人です。この両者では、その後の成長に大きな差が出るでしょう。

多くの人は「あの人はスゴい」と自分とは関係のないものとして特別視してしまいます。場合によっては、その人を嫉妬の対象として敵視していることもあるかもしれません。こうした考え方では、成長の機会を活かせずに終わってしまいます。

私は、どんな人からでも必ず学ぶべきものがあると考えて人を見るように、意識しています。

会社には自分がベンチマークするべき人がいないという人は、自分自身について5

つの質問を考えてほしいのです。

①　部署のなかでナンバーワンか？
②　自社のなかでナンバーワンか？
③　同業他社の人材と比べるとどうか？
④　異業種の人材と比べるとどうか？
⑤　世界レベルで考えるとどうか？

このように考えると、**どんな業界のどんな業種の人でも、周りには必ず学ぶべき対象がいる**はずです。もし自分が職場でトップだとしても、①〜⑤のすべての分野において自分のほうが優れていることなどはないでしょう。

例えば国内の業界第1位の企業で成績トップの営業マンでも、他業界で第一級のビジネスパーソンに学ぶ方法もあるでしょう。あるいはまったく別分野のスポーツ選手や芸術家から学べることもあるでしょう。

部下であっても、自分より優れている部分を持っているものです。**他人にあって、自分にないものを「あるべき自分の姿」を意識する**材料にしていくのです。

デキる人のスキルを盗む「ベンチマーク」

STEP 1 ベンチマークする人を決める

STEP 2 数値化して身につけるべきスキルを特定する

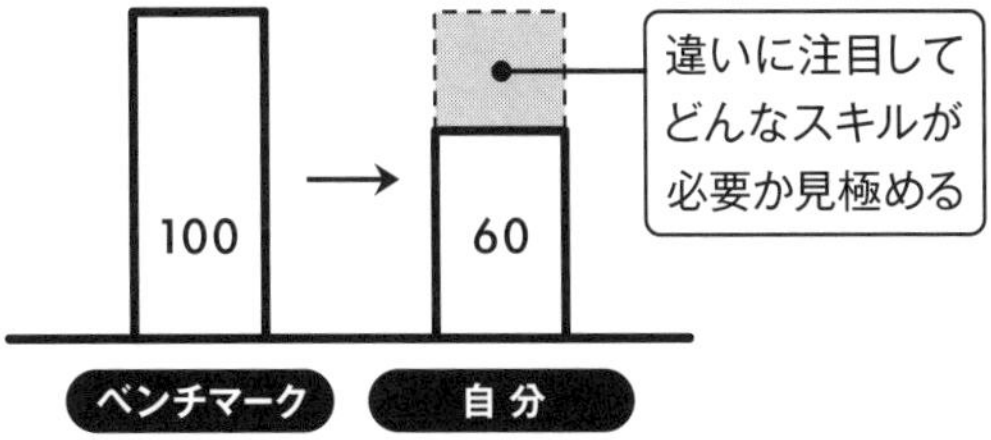

STEP 3 誰からどんなスキルを盗むか「リスト化」

	スキル	目標
Aさん	営業	Aさんの達成の80%
Bさん	企画制作	採用される新企画を5つ立てる
Cさん	英語力	英語で会議できるレベルを目指す

吸収したスキルの「掛け算」が自分の価値を高める

人を見るときにはどうしても短所に目がいってしまうものです。そうした人からも、「反面教師」として学ぶべきことがあるものです。

人と接するときには、この人から自分が学べることは何かを意識して、自分に吸収できることを考えます。

身につけるべきスキルを数字で特定する

結果を出している人をベンチマークとしたら、**自分との違いを徹底的に「数字」に落とし込む**ことです。数字は客観的であり、比べてみることで具体的にどんな差があるのかを判断する基準になるからです。

例えば営業の仕事で考えてみましょう。「訪問件数」「受注件数」を比べるとどうでしょうか？　この2つの数字についてトップセールスのTさんと比べるだけでも見え方が変わります。

Tさんよりも「訪問件数」が少ないのであれば、もっと「訪問件数」を増やせば「受注件数」をTさんと同じくらいにまで増やせるかもしれません。訪問件数が少ない理由が準備に時間がかかりすぎているせいであれば、準備時間を短くする時間管理術を

⇨ ベンチマークはノートを使うと効果的

STEP 1 ベンチマークしようと思った部分をメモする

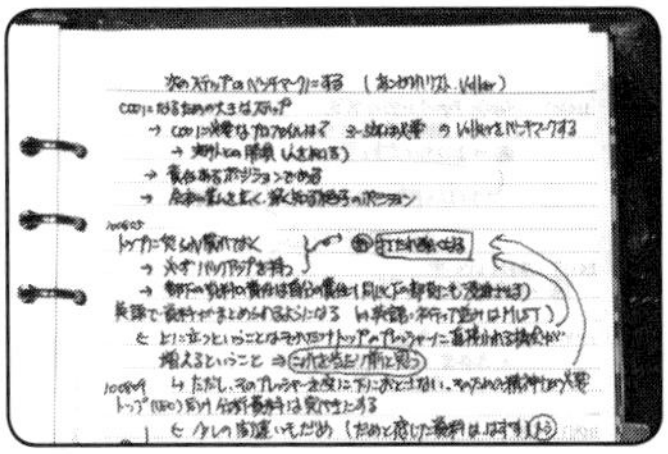

STEP 2 ベンチマークの強み、弱みを分析して自分と比べる

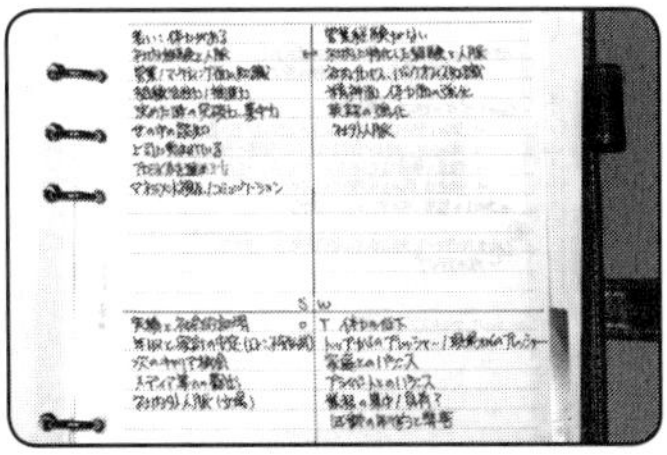

STEP 3 行動リストをつくりすぐに実践する

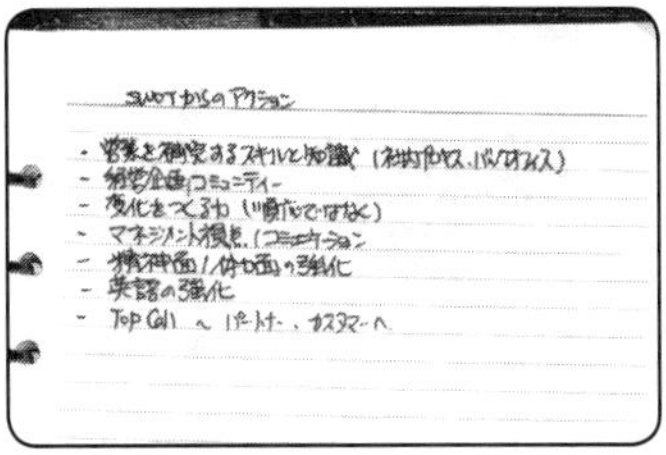

ノートに書いておくと行動に移しやすい

磨けばいいでしょう。

Tさんよりも「訪問件数」は多いのに「受注件数」が少ないのであれば、商談の進め方に改善の余地があるとも、訪問する客層を検討したほうがいいとも考えられます。

このように数字を抽出して検討すれば、どこに課題があるのかが明確になり、どこに伸びる余地があるかを把握できるようになります。

自分が**「ベンチマーク」する人と比べれば、「目指すべき結果」がハッキリし、自分の「伸ばすべきスキル」も浮き彫りになり、「どのような行動をとればいいのか」もハッキリするのです。**

このベンチマークをする人は一人である必要はありません。

社内の人でも、同じ部署の先輩、上司でもいいでしょう。社外の取引先などでこの人はスゴいと思える人でもいいでしょう。

誰から何を学ぶのかを考えたら、それをノートに書いておくのがおすすめです。意識だけでなく「書く」という行動まで落とし込んだほうが結果につながります。

例えば、Aさんからは営業スキルを学ぶ、Bさんから企画作成スキルを、Cさんからは英語力を学ぶなど、ノートに書いておくのです。

ベンチマークして吸収した複数のスキルを掛け算すれば、自分の価値が高まります。

2

デキる人のスキルを盗む

80%
OF THE RESULT
DEFINED BEFORE
ACTION

「最近の若い子はすぐに『教えてくれない』とか言うんだよね。オレらのころは『見て盗む』ものだったんだけどな。それを言ったら『どうやって盗むんですか？』と聞かれて参っちゃったよ」

と、苦笑いしながらこぼしている知人がいました。会社の雰囲気や組織文化、職種にもよるかもしれませんが、こうした言葉をよく聞くようになりました。

たしかに「見て盗むもの」というより「教えてもらうもの」という認識のほうが強い人が多いのかもしれません。この問題は本書の目的ではないので深くはふれませんが、成長スピードという観点では、「見て盗む」ほうが、結果的に吸収が早いケースが多いのです。**「見て盗む」のは能動的な行為であるのに対して、「教えてもらう」のは受動的な行為であり、吸収できる質・量・価値に差が出る**からです。

ここからは、メールとプレゼンテーションのスキルを例に、どうやって盗めばいいのかを紹介しましょう。

メール術はCcメールで「借文」する

メールに費やす時間は1日の業務時間のうち、3時間ほどだと言われています。年間営業日を240日として計算すると720時間（30日に相当）という驚きの時間数になります。このメールを短時間で効率的に処理することも、非常に重要なビジネススキルの1つと言っていいでしょう。

そこで注目したいのが、複数のメンバーで共有するメールです。特に**Ccメールに注目して、「ひな型（テンプレート）」として蓄積する**のです。

私の場合は、お客様のところへ訪問したあとのメール、会食などで相手に感謝の気持ちを伝えるときのメール、会議の決定事項の共有メール、組織を立ち上げるときの上司のメールなどをベンチマークとして参考にしました。これをいつでも再利用できるひな型として保存しておいて、**自分がメールを書くときにそのままコピーして「借文」**します。

これはメールを英語でやりとりする必要に迫られたときにも、非常に有用度の高い方法です。英語でのメールのやりとりは、英語力のなかった私にとっては非常に時間がかかるものであり、1つのメールの作成に1時間以上かけてしまうこともありました。そこでCcメールをコピーして加工して使えば、メールを作成する時間を1分以下にまで短縮できるものもあります。

優秀な人のメールを見本にすれば、その人のレベルまで自分も引き上げられることになります。メールでの印象も、いまや非常に重要になっています。

最近では電話の回数が減り、以前であれば電話のやりとりで盗むことができた会話ノウハウなども、いまはなかなか吸収しにくくなっています。そのなかで**メールは、やりとりのノウハウが文字化されているものであり、その利用価値は非常に高く、再現性も高い**と言えます。

○プレゼンテーション技術は徹底的に真似る

マーケティング部門にいたときの上司は、私にとって非常に大きな存在でした。いろいろなことを真似することを意識しましたが、特に真似したいと思ったのがプレゼンテーション（プレゼン）でした。

プレゼンの冒頭から一気に引き込み、論理的でありながらもユーモアを交えて、聞き手をワクワクさせるプレゼンに憧れました。彼がプレゼンをすると聞き手は「その気」になり協力者がどんどん増えるのです。

そこで、私は上司のプレゼンを完全コピーすることにしました。

上司がプレゼンする機会を聞きつけては「Tさんのプレゼンを勉強させていただきたいので、ぜひ講演会に同行させてください」とお願いしました。

当時使っていたMD（ミニディスク）に録音して、それの全文をノートに書き起こしました。さらに、そこに時間を秒単位で書き込み、声の抑揚の付け方から、間の置き方、スライドの画面を切り替えるタイミングなど徹底的にコピーしました。

その結果、本当にそっくりなレベルに達し、周りからは「ミニTさん」と呼ばれるほどにまで完全にコピーしました。

あるときに、その上司に所用があってプレゼンの場に立てなくなったことがありました。急遽、私が代役を務めることになりました。８００人以上の前でのプレゼンだったので、それまで経験したことがないくらいに緊張しましたが、ふだんからよく練習していたおかげで、最大限に力を発揮することができました。

このときは、ベンチマークすることの大切さと威力を痛感しました。

3 面談の結果は「テーブルにつく前」に決まる

80% OF THE RESULT DEFINED BEFORE ACTION

仕事をしていると、お客様先へ訪問する機会があるでしょう。その商談や打合せなどの面談は、結果を出すために人を巻き込んだり、説得したり、協力してもらったりするうえで、非常に重要なものです。

その結果も「テーブルにつく前」に、決まっています。

それを痛感したのは、私がベンチマークしていたイタリア人上司に同行したときです。タクシーで移動しているときに、

「今日のミーティングなんだけど…」

と切り出し、その日の面談の詳細について話してくれました。

「雑談を終えて本題に入ったら、まず3つの質問で、先方の予算、検討時期、意思決定プロセスを確認して、こちらが提案を切り出す。そしたら、先方のSさんからコストについての質問が飛んでくる。それに対してこちらは用意しておいたシミュレー

ション資料をもとに返答する。すると今度はNさんから運用に関しての質問が入ってくる。それに答えたらいくつか軽めの質問に答えて、1週間後に返事すると言われて成功だ」

いざ面談に入ると、驚いたことに、その彼が言っていたとおりに面談が進行していったのです。このときは本当に驚きましたが、いまとなればそれほど不思議ではありません。彼は完璧に準備していたのです。

「自分だったら」の視点を持って比べる

このように自分以外の人がメインで商談を進めるときには、事前にお客様先の状況を聞いておくべきです。「何となく」同席するのはあまりにもったいないことです。

そこで、これまでの経緯を確認し、どんな訪問目的で、どんな準備をしていて、どんな結果を落としどころとして考えているのかを聞いておきます。そして質問の投げ方などを自分の頭で考えておきます。

この情報共有には2つの意味があります。1つは、訪問するときに商談の内容を理解するためです。もう1つは「自分だったらどうするか?」を考えるためです。

ベンチマークしている人の商談に同席するときには、自分だったらどうするのかを考えておくようにします。そうすれば、その人と自分の商談の運び方の違いがわかります。そうすればベンチマークしている人の商談の優れたところやスキルを吸収できます。

例えば、デキる人は「自社紹介」1つをとっても違うものです。同僚の私ですら「いい会社だ」と思うような自社紹介をするのです。そして、相手にアピールするときの口説き文句なども非常に勉強になります。

会話の流れは、こちらが理想とする話の展開の仕方だけではなく、どのように先方が出てくるかまでイメージできていれば完璧でしょう。

「同行」のチャンスを最大限に活用する

自分の商談に、ベンチマークしている上司や先輩に同行してもらうのは、自分が成長させるべきポイントを見つけるいいチャンスです。

このときにも、ただついてきてもらうだけではなく、ベンチマークの人に、「私の提案のクライアントへのアピールの仕方、特に他社との違いについてきちんと説明できているかを中心に見てください」などと伝えておくと、商談後にフィードバックをもらいやすくなります。

「私の提案の進め方で何かお気づきの点はありましたか?」「あの話題は先に切り出したほうがアピールになったでしょうか?」などと聞けば、アドバイスを仰ぐことができます。これを聞いておけば、次回に訪問するときに活かせます。

なお、行き帰りの電車やタクシーでの移動時間は、その人と二人で話せる貴重な時間です。雑談しながら人柄を知るのもいいですし、移動時間の活用法の工夫を聞き出すのもいいでしょう。ここでその人から何を吸収したいかをふだんから意識しておけば、質問したいことも出てくるでしょう。もちろんお客様の情報を共有することも大切です。私は出身地、趣味などを話します。上司や先輩と思わぬ共通点があり、盛り上がることもあるからです。こうした小さな準備が大きな成長につながるのです。

経験を積んでくると、自分の担当外の「同行」や「同席」といったほかの人と一緒に動くことが少なくなるものです。定期的に「同行」の機会を意図的につくるのも効果的です。

4

結果を出すために必要不可欠な「企画」スキル

80%
OF THE RESULT DEFINED BEFORE ACTION

どんな業種であっても、「企画力」のある人は、これから価値が上がっていくでしょう。企画というと広告やテレビ業界などのクリエイティブな仕事をイメージする人もいるかもしれませんが、それは企画の一部にすぎません。

私が考える企画とは、価値を提供するアイデアのことです。

私自身は、マーケティング企画、営業企画、事業企画、そして二度の営業新組織の立ち上げとそれぞれ経験してきましたが、その根底に流れる原理原則のようなものは大差ないと考えています。

企画スキルは所属する部署にかかわらず、必要なスキルであると考えています。企画はまさに「行動する前」に立てるものであり、その内容によって結果が大きく変わります。結果を出すためには必要不可欠なスキルなのです。ここでは私が企画について意識していることを紹介します。

インプット以上の企画は生まれない

ＧＩＧＯの法則で説明したように、ゴミのようなデータを入力しても、ゴミのような計算結果しか得られません。見方を変えると、良質のインプットをすれば、良質のアウトプットを生み出せることになります。

インプットの質がアウトプットの質を決めると言っても過言ではありません。

そもそも企画におけるインプットとはどういうものでしょうか？

インプットのための情報は、「経験」「メディア」「人」の３つから得られます。

企画に関して、「どうやって企画を立てればいいのですか？」などと質問を受けることがあります。そのときには、どんなインプットをしているのかをこの３つの視点から聞くようにしています。

「経験で活かせることはある？」「新聞や雑誌、本、ネットなどのメディアの情報を調べた？」「誰かに教えてもらったり、意見を聞いたりした？」などと聞きます。

新しい挑戦をするときに、経験がないのは仕方ありません。ただこの経験のなさは、インプットでカバーしてやるという意気込みは必要です。**「経験がないから」「若いから」といった言葉は他人が言う言葉であって、自分で言う言葉ではないのです。**

例えばユニークな企画で実績を上げている先輩をベンチマークします。その先輩に、どうやってその企画を立てたのかなどを聞けば、だいたいの人が教えてくれるものです。自分の経験不足を補うために人に聞いてインプットするのです。

「どんなときに企画を考えるのですか？」などと一般的なことを聞くのも１つの方法ですが、得られるインプットも質の低いものになってしまいます。一方、より具体的に聞くことを意識すると、実行する際にスピーディに動けるような、質の高い情報がインプットできます。例えば、「あのプロモーションの企画って、どういう経緯で思いついたんですか？」などと聞いて、思いつきの段階からそれをどうやって実現したのかプロセスを追いながら具体的に教えてもらうといいでしょう。

効果的にヒアリングするコツは、「ＳＴＡＲ」を意識することです。ＳＴＡＲは海外で使われるフレームワークの１つです。

S ＝Situation　状況。人がそれぞれどういう状況にあったのか？
TA＝Take Action　行動。どんな行動をとったのか？
　　　　　　　その判断基準はどこにあるのか？
R ＝Result　結果。状況と行動によってどんな結果がもたらされたのか？

この流れで聞けば、行動するときに参考になる情報をインプットできるでしょう。インプットは工夫が必要です。いま様々な業界で似たような商品やサービスが増えています。原因の1つは、みんなが同じインプットをしていることにあります。ある商品がヒットするとそれをインプットするから、類似商品がいっぱい出てくるのです。これは「同じようなインプットからは、同じようなアウトプットしか生まれない」ということの証左だと思うのです。

言うまでもなく、インプットはアウトプットを生み出すための手段であって目的ではありません。「頭でっかち」にならないように気をつけましょう。

そこで私は、**人とは違ったインパクトを持たせるため「異業種にヒントはないか」「海外で何か活かせるようなヒントがないか？」などを常に意識**しています。「Think Globally, Act Locally.」の視点が活きてくるのです。

企画書は真似て書いてみればいい

「企画書の書き方がわからない、そもそも教わっていない」と聞くことがあります。

私自身も、最初はどのように企画書を書けばいいかよくわかりませんでした。そこで、やはり**結果を出している人の企画書をベンチマークする**ことから始めました。

企画書は、ファイルやデータベースで保管されているところが多いでしょう。私の会社でも保管してあり、いつでも見られる状態でしたので、この企画書を3年ぶんぐらいさかのぼって読みました。

そのときに見つけたのが、上司が書いた企画書です。その文面（骨格）を真似て書いたら「簡潔にまとまっていて、論理構成もしっかりしているし、数字のデータの使い方もいいね。よく書けているよ」などと褒めてもらったことがあります。

優秀な人の企画書を真似しているのでよく書けているのは当然ですが、私は何がいいのかをハッキリ理解して書いたわけではありません。上司のコメントから「簡潔にまとめる」「論理構成を固める」「数字のデータの使い方も重要」という**企画書を作成する際のポイントを知る**ことができました。

このポイントを視点として意識しておけば、ほかの人の企画書を見るときに、何がいいかを理解できるのです。「簡潔にまとめるコツにはどんなものがあるだろう？」「なぜ、このデータを引用したのか？」などと考えていけば、表面的な真似だけで終わらずに、深く掘り下げられ、スキルとして身についていくのです。

ハーバード・ロー・スクール卒業生の企画書をベンチマークしたら

いまでもいい企画書に関してはベンチマークとして真似するようにしています。

グローバル企業の企画には大きく2つのパターンがあります。1つはグローバル本社から落ちてくるもの、もう1つは各支社ローカルのものがあります。

私が日本支社で営業企画（戦略）を統括していたとき、各支社の営業企画の統括責任者が集まるグローバル会議によく参加していました。その会議の主催者であり、グローバル全社の営業企画を統括していた責任者が、世界屈指の名門であるハーバード・ロー・スクールの卒業生のロシア人でした。彼が立てた営業企画がグローバル全社の共通の営業企画になるわけです。

彼が作成した営業企画の企画書は、私にとっては学びの宝庫です。「グローバル全社を動かす企画はどんなものか」「アメリカでも選りすぐりのエリートがどんな思考回路で企画をつくるのか」「私と彼の企画の差はどこにあるのか」など学びたいポイントがいくつもあります。

そこで私は、企画とプレゼンに感動したことを彼に伝えて、彼からパワーポイントの資料のデータをもらいました。その資料を加工して、ほかの仕事で作成する企画書

企画書を真似て書いてみる

STEP 1 まず真似てみる

STEP 2 真似した企画書のポイント（長所）を考える

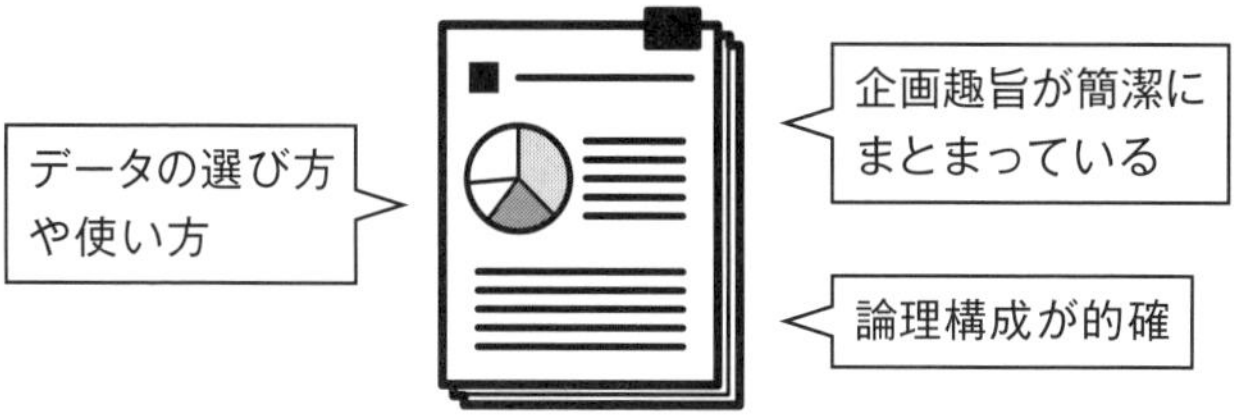

STEP 3 ポイントをまとめて「再現」する

□ 企画趣旨は簡潔にまとめる
□ 論理構成を考える
⋮

表面的な真似から、理解を深く掘り下げ次に活かすに流用しました。この作成した資料が、非常に好評でした。言ってみれば、その彼がつくる企画書は私の会社におけるベストのものです。そのレベルまで自分の企画書作成スキルを引き上げられたことになります。

この企画書のデータについて、日本と海外の違いを感じたことがあります。私が書いた企画書に関して、韓国やシンガポールなどの同僚から、「エクセレントだね！参考にしたいからデータをくれないか」とよく言われました。対して日本人からは「データをくれ」と言われたことは一度もありません。

海外の人たちは「いいものはいい。取り入れるべきところは取り入れる」というスタンスの人がほとんどです。一方、日本人は真似することが恥ずかしいと感じていることが多いように感じます。

そもそも「学ぶ」は「真似ぶ」とも表記され、同じ語源なのです。先人が長年をかけて培った知恵を短時間で吸収できるのですから、積極的に真似ると短時間で成長するきっかけになるでしょう。

企画書は「手段」であって「目的」ではない

企画書作成に慣れてくると、自分のイメージ通りに書けることに喜びを覚えるようになります。自分でもうまく書けたと思えたときにはうれしいものです。

ただし、企画書はあくまで売上や利益といった「数字」を生み出すための手段であって、企画書作成そのものは目的ではないことを忘れてはいけません。

企画書を上手に書けるようになったら、次は数字をイメージします。どれだけ儲けにつながるのかを考えるのです。企画書はあくまで儲けを生み出すための書類であって、その紙やデータ自体に価値があるものではありません。

企画書を書くにはおおよそ次のようなステップがあります。

① 企画書の書き方の基本がわかる
② 自分のアイデアを過不足なく表現できる
③ 企画書を見て、数字（売上や利益）をイメージできる

この3つめのステップに進んでからが、いよいよ結果を生み出す本格的な段階と言えます。もちろん、数字の先にはクライアントなどのメリットがあることを忘れてはなりません。

ベンチマークが将来をつくる

「結果を出している人」や「憧れの存在」をベンチマークして、「その人にあって、自分にないもの」を徹底的に真似ることが成長の一番の近道です。

ベンチマークすると決めたら、その人を注意深く観察し、その人がよく見る文書、プレゼン資料、新聞など徹底的にチェックします。そうすれば、憧れの人にあって自分に足りないものを、吸収するためにはどうすればいいかが見えてきます。

私は20代のころからずっと経営に近い仕事をしたいと思っていました。会社全体の動きをとらえ、社内にも社外にも影響力があるポジションの第一線で活躍してみたい、という憧れを強く持っていました。

もちろん、経験もないのに、経営者にすぐに昇進できるわけはありません。しかし、その一部を疑似体験することならば、いくらでもできます。

例えば、私は過去に部門間の情報共有の壁をなくす活動を推進したことがあります。

入社して2年目で、社内に分散する提案書を整理するという地道な活動でしたが、これは会社全体に貢献する成果につながりました。

「部門間の連携」や「情報共有」は多くの企業が抱える経営課題です。この経営課題の解決を擬似体験でき、多くの部門と協調しながら1つの成果を生み出すという貴重な経験ができました（さらに、この貢献が評価され、社長賞を受賞しました）。

ほかにも、会社に不満を持ち始めたころ、会社の課題を整理して資料にまとめたことがあります。会社の問題を他人事ではなく、自分のこととして考えることは経営視点に立ついい訓練になると考えていたのです。

この行動も、思わぬところで実を結びます。ある日、会社をよりよくするために、現場の声を集める公募メールが社長から全社員に送られてきたのです。すでにその内容を資料にまとめてあった私は、日ごろの思いをぶつける最大のチャンスとばかりに、すぐに応募しました。ふだんから万全の準備をしていたので、これまでの成果を発表する機会を得たのです。これがきっかけで、会社の重要なタスクフォースに選出されるチャンスにつながったのです。

このような繰り返しが、さらなるチャンスにつながりました。29歳になったときに、副社長の補佐という経営に最も近いポジションに就くことができたのです。

CHAPTER 1

POINT

・デキる人をベンチマークして徹底的に真似る
・ベンチマークする人との違いを数字に落とし込む
・複数の人をベンチマークして掛け算すれば自分の価値が高まる
・同行は成長のチャンス、意識的に機会をつくって長所を吸収する
・インプット以上の企画は生まれない、インプットの充実を

行動する前に“失敗リスク”を下げて成功へ導く「プロトタイプ」

30歳のときに、新営業組織を立ち上げるリーダーに選ばれました。初めての経験で右も左もわからなかった私が、新組織の立ち上げを成功に導いた秘訣が本章で紹介する「プロトタイプ」です。失敗のリスクをつぶし、成功へと導くノウハウを紹介します。

80%
OF THE RESULT
DEFINED BEFORE
ACTION

①

プロトタイプって何？

80%
OF THE RESULT
DEFINED BEFORE
ACTION

「経験量」と「直感」というデキる人のブラックボックス

私は29歳のときに、「副社長補佐」という立場で仕事をしていたことは前述したとおりです。この時期は深夜にタクシーで帰ることも日常茶飯事で、ハードであると同時に非常にエキサイティングな時期でもありました。

なかでも興奮を覚えたのが、営業部門の責任者である本部長が一堂に会して行なわれる会議でした。本部長たちは目標を発表し、それを実現するための行動プランについて発表します。「我々はプランPを実現します。そのための行動として大きく3つ、A、B、Cを本年度中に実現します」といった内容です。

四半期ごとの報告会議ではもちろん、年度末の会議で立てた目標をそのとおりにどんどん実現していく人がいるのです。彼らは目標の数字を掲げて行動に落とし込んでいきます。その**「逆算式」のアプローチに当時の私は強烈な憧れ**を覚えました。

この逆算式はいわばマジックのようなもので、どういうふうに考えたら実現できるのか、私にはまったく理解できませんでした。彼らだけが知っている特別な思考回路があるように感じたのですが、その中身がよくわかりませんでした。

私が尊敬する経営者に秘訣を尋ねると「いい質問だ。でもそれはなかなか言語化できるものではない、経験量から直感的に結果の完成イメージができるんだ。結果は行動する前に8割決まる。これだけは覚えておくといい」という答えが返ってきました。

当時の私には、その言葉の意味がよくわかりませんでしたが、どうやらデキる人の頭の中には、完成イメージを描くための経験と直感があることがわかりました。「直感」と言われてもよくわからず、それはまるで「ブラックボックス」のようなものでした。そのブラックボックスを解読し、メカニズムを暴いてやろうと考えたのです。

○「完成イメージ」が無理なら「プロトタイプ（試作）」を

スゴい人たちは行動する前に「完成イメージ」を描いています。そのもとになるのは、経験量と直感です。それがわかったところで、そもそも私には経験量が圧倒的に少なかったのですから、直感も生み出しようがありません。

この「ブラックボックス」を解明するヒントになったのが、グローバルで活躍する人たちがやっている、見えないものを言葉や図にして可視化する方法です。会議や打合せなどで「君の言っていることはこういうことだよね」と図にして可視化し、共通の理解を促し、活発な意見やフィードバックを引き出す現場をよく見ていたのです。

そこで**「完成イメージ」を描くのは無理でも、「プロトタイプ（試作）」を描ければいい**のではないかと考えたのです。

プロトタイプは試作（仮説）であって完成イメージではないので、不備があるのが前提です。自分のイメージを紙に書き出して、周囲の意見を集める。そうすれば経験不足を補うことができる。こうすれば「行動する前」から「完成イメージ」にかぎりなく近い「プロトタイプ」を作成できると考えたのです。

つまり「プロトタイプ」は、自分のイメージを紙に書き出し、足りないところは周囲の人からフィードバックをもらってそれを蓄積するノウハウなのです。

完成イメージが「逆算型」のアプローチであるのに対して、プロトタイプは「蓄積型」のアプローチだと言えます。

「プロトタイプ」は若手の武器

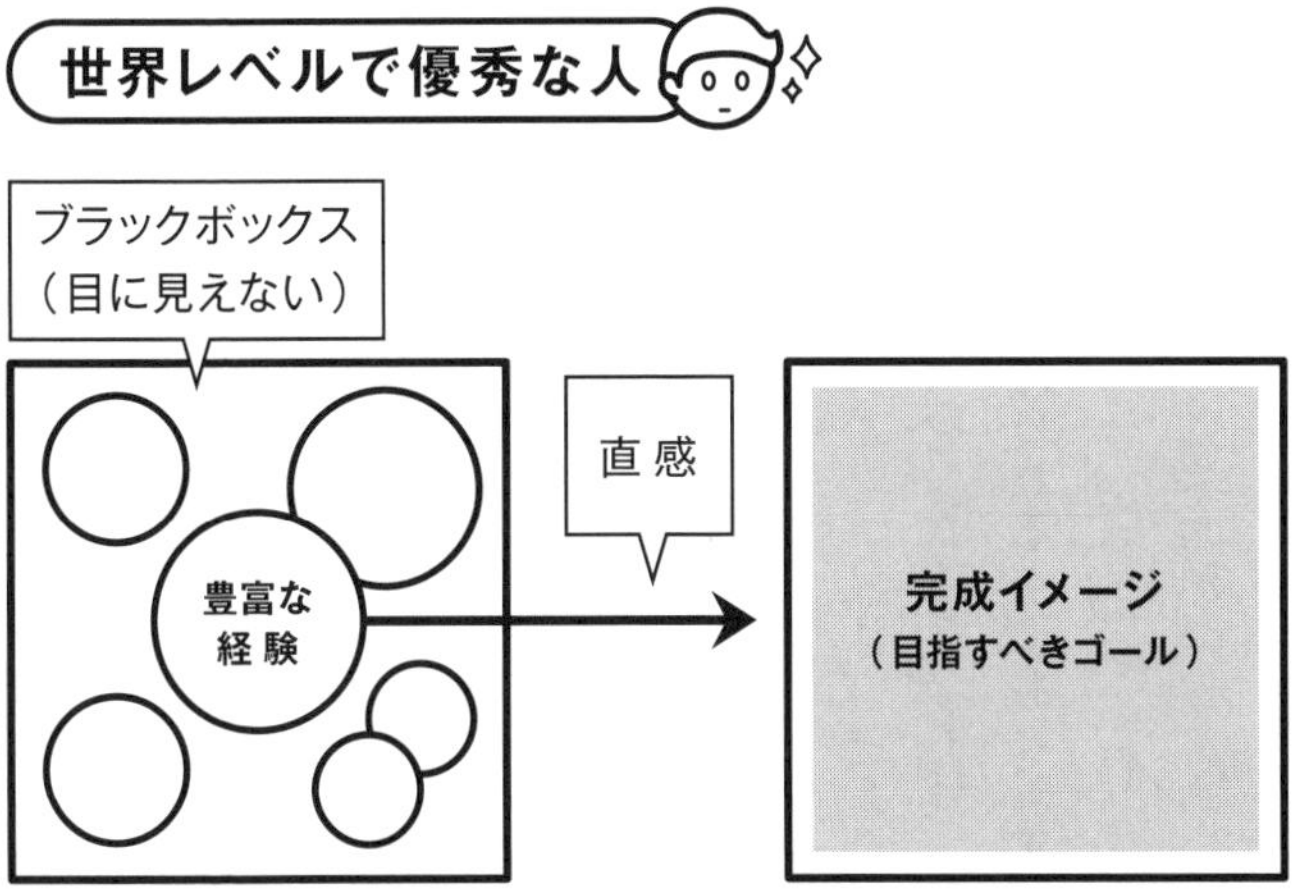

目に見えない豊富な経験と直感があるから、完成イメージが浮かぶ

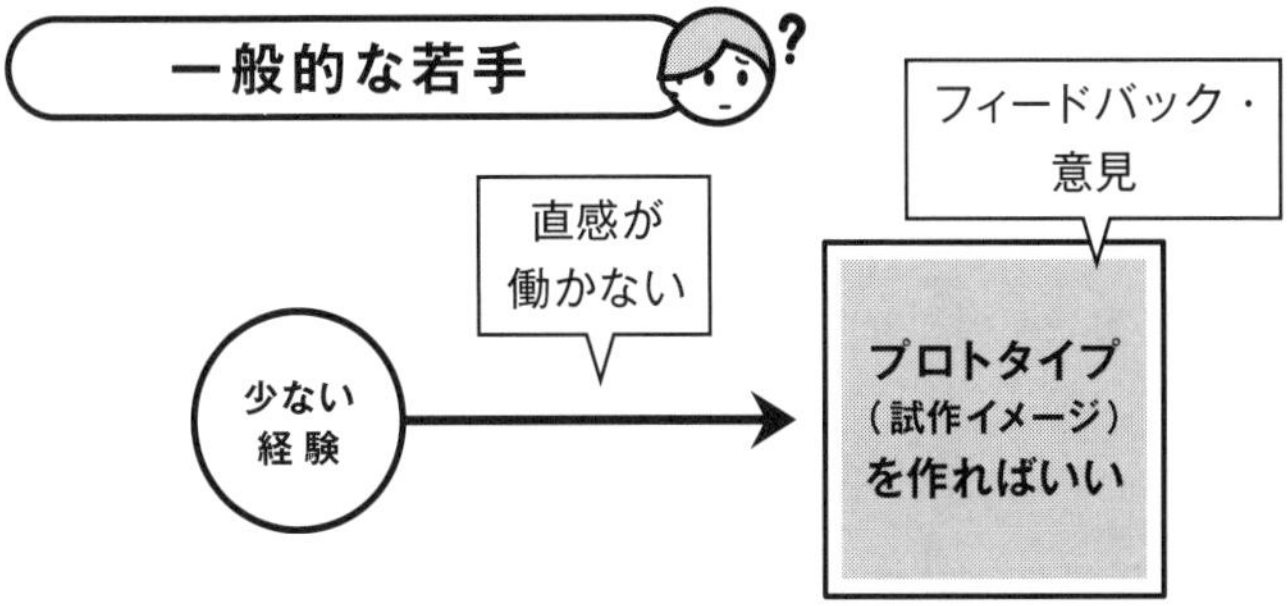

経験が少なく直感が働かないので、イメージが浮かびにくい

「経験不足」を「行動」で補うのがプロトタイプ

プロトタイプで安定的に結果を生み出す

私がプロトタイプを作成するようになったもう1つのきっかけは、自動車メーカーで開発を担当する友人から話を聞いたことです。

自動車メーカーでは、新モデルを大量生産する前に、プロトタイプをつくるのが一般的です。開発するときには、エンジンの動作、運転の操作性、電気回路など様々な改良ポイントを洗い出します。それをもとに、プロトタイプをつくりなおすのです。さらに試乗会を開き、ユーザーの声を車づくりの参考にすることもあります。

プロトタイプによって、「高品質の車を、安定した状態で、大量生産する」ことが可能になるのです。自動車に万が一の故障などがあれば、ユーザーの命の危険につながってしまう恐れがあります。そのリスクを回避することもできます。

プロトタイプをつくるメリットは、「完成する前」に、何度も改良を加えられる点と、失敗リスクを抑えられる点にあります。

このプロトタイプの発想をふだんのビジネスにも活かします。つまり「行動する前」から、結果を効率的かつ安定的に生み出すコツを押さえておくのです。

ビジネスにおいても、「こうすればうまくいく」という方程式があります。「失敗しないための方法」や「成功するための方法」に注目しながら、この方程式を必勝パターンとして蓄積しておくのです。私の場合はノートに書いておいて、「行動する前」に参照するようにしています。

例えば、上司が部下に指示を出すときに、そのときの気分や体調次第で指示や判断の軸がぶれていては、部下は上司を信頼できません。部下からすると、いつも同じ判断軸で、適切な指示を出してくれる上司のほうが、信頼できます。

そこで私は、「フィードバックのポイント」として「気分や体調に流されずに指示を出す」「できない理由を並べたときには何が言いたいかを明確にさせる」「事実と行動をベースに聞く」などとノートに書いています。

このような方法で、企画書の作成や会議やプレゼンなど、あらゆる場面を想定して「プロトタイプ」をつくっておくのです（本書で紹介するノウハウは、私のプロトタイプだとも言えます）。

こうすれば「行動する前」から失敗のリスクを最低限に抑え、成功へ導くための「自分だけの必勝パターン」を認識できます。その蓄積が、安定性を保ちながら、高い結果を生み出す「虎の巻」になるのです。

失敗したくないときこそプロトタイプが有効

プレイヤーからマネジャーになると、責任とともにプレッシャーがどんどん重くなるのが一般的です。

私が副社長補佐のときに驚いたのが、熾烈《しれつ》なサバイバルの現状でした。デキる人のなかで、デキる、デキないがさらにハッキリしてくるのです。職階が高くなると結果への責任も大きくなります。報酬も高くなる一方で、失敗したときには会社を去ることになるリスクもあります。

失敗のリスクを抑えるために、結果の目標数字を低く設定しても「この程度の目標なら達成して当然、そもそも目標数字が低すぎる」と判断されることもあります。目標を妥当に設定できるかというのも1つの評価指標です。**妥当な目標とは実現可能であると同時に達成困難なもの**です。

ある程度ポジションが上がってくると、失敗要因を避け、致命的な失敗を避けたうえで、大きな成功（結果）へと導く必要に迫られます。

なるべく**「失敗のリスクを抑えながら、大きな成功へと導く」**ことを意識し、それを想定した仕事の進め方を意識することが大切です。そのときに役立つのがプロトタイプです。実現するときに近い形で仮説を立てることにより、挑戦を成功という結果に結びつけるためのイメージと行動プランをつくるのです。

このプロトタイプは、日々の仕事でも使えますし、商品・サービスの企画、新規事業の立ち上げなど、様々な仕事に応用できるものです。

プロトタイプを作成する6つのステップ

まず大きな流れを説明しましょう。

①「思いつき・疑問・不満」などアイデアをメモする
②失敗事例から「負けない方法」を知る
③成功要因から「勝つ方法」を考える
④独自性を追求し「自社でやる理由」を考える
⑤フィードバックにより「思い込み」をチェックする
⑥数値化して「期待値」を明確にする

プロトタイプをつくる6つのプロセス

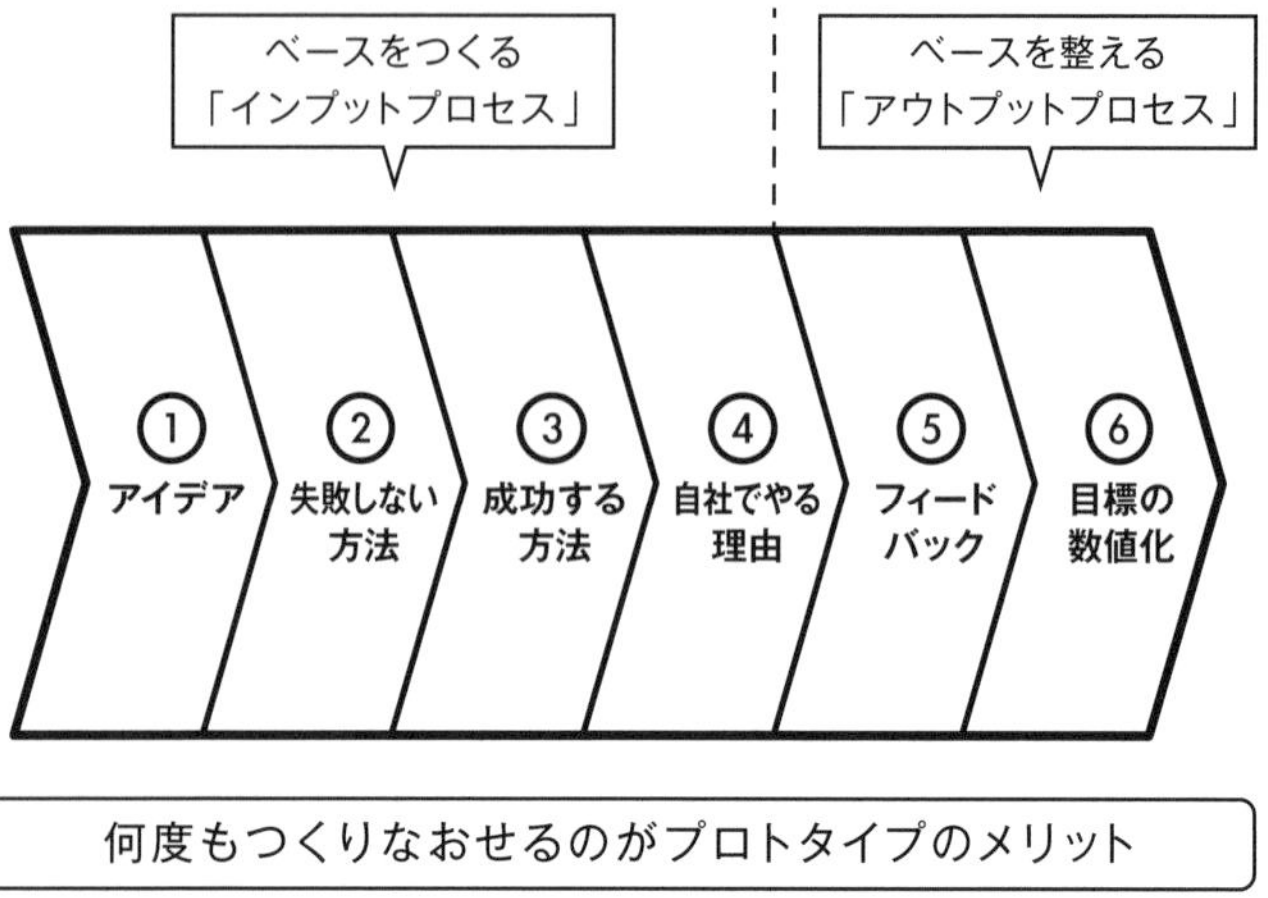

この6つの流れでプロトタイプをつくります。このプロセスでどういうことを意識すればいいのかを、紹介していきます。

私は副社長補佐のあとは新しい営業組織の立ち上げの担当を命じられました。当時30歳でしたから、経験も十分とは言えず、直感も働きません。私が初めて経験した組織の立ち上げでもこのプロトタイプは真価を発揮しました。新規事業の失敗率は90パーセントと言われており、新しい挑戦に失敗はつきものです。

「インサイドセールス」を事例にプロトタイプのつくり方を解説していきます。「インサイドセールス」は営業の形態の1つなのですが、のちほど説明しますので、知らなくてもこのまま読み進めてください。

2 プロトタイプの土台をつくる4つのステップ

80%
OF THE RESULT
DEFINED BEFORE
ACTION

❶「思いつき・疑問・不満」などアイデアをメモする

「プロトタイプ」をつくる最初のプロセスは、インプットです。前章で紹介した3つの情報源である「経験」「メディア」「人」からインプットしておくことが大切です。それぞれの情報がミックスされると問題意識が高まり、課題を意識できるようになります。そこで、アイデアや疑問や不満などをメモしておきます。

周囲の組織や仕事内容を注意して観察すると、自分の仕事上で直面している課題を解決するヒントがたくさんあります。

例えば私が新しい組織を立ち上げる際に参考になったのが、まったく自分とは関係しない他部門が実践していた支援組織の巻き込み方や人材の管理手法でした。例えば営業部門を担当していたときには、マーケティング部門や企画部門が実践していた取り組みがたくさんヒントになりました。企画部門で実践されている市場をセグメントしたり、マーケティング部門で実践されている自社を差別化するメッセージを伝える工夫は営業部門でも十分に応用できるのです。

そこに企画のヒントがあります。特に会社や周りの組織が直面している課題に注目することで新しい企画や計画を発案する材料がたくさん出てきます。会社でポジションや責任が上がるなかで、こうした材料の蓄積はプロトタイプをつくるうえで貴重な資産になりました。

私が副社長補佐のときに、社長と副社長の間でよく議論に上がっていたのが、「人数を増やさずに営業活動を増やし売上を増やすにはどうすればいいか」という話でした。**上司や周りの「ふだんの会話」にヒントは転がっている**ものなのです。

私の勤める会社の強みは、高い製品力と優秀な営業です。一方で課題となっていたのは、営業人数が少ないために強みである製品力の高さを、お客様にアピールする企業の数がかぎられることです。商談でテーブルにつければ、製品力で受注することはそれほど難しいことではありません。ただこの営業マンと営業拠点の数そのものが競合日本企業と比べると少ないという現実がありました。

「これまでのやり方だと人員と拠点を増やす必要がある。本当にそうなのか、もっとほかのやり方はないのか？」ということに問題意識を持っていました。

従来の営業活動のプロセスは、お客様にアポをとって実際に会って商談し、受注するという流れで進められていました。そこで直接的な営業訪問以外の手段によって、受注できる仕組みがないかどうかを考えたのです。

ある上司は、「日本で悩んでいることは世界の人も悩んでいるんだ」と言ってくれました。そこで海外に目を向けると「ほかのやり方」として「インサイドセールス」という組織形態があることを知りました。

このように**思いつきをメモにしておけば、それがきっかけとなり、新しい企画につながることがあるの**です。ただこの時点では、論拠が弱く、実現できる企画にはなっていません。

「インサイドセールスという組織形態があるから、それを私に推進させてください」と言うだけでは、ヒト・モノ・カネ・情報といった経営資源は動かせません。

経営資源を動かすには3つの理由が必要です。失敗しない理由、成功する理由、そして自社でやる理由です。このようなときには、「失敗しない理由」から考えていくようにしています。

私は何か**新しいことに挑戦する際には「勝つ方法」よりも先に「負けない方法」から考える**ことにしています。思いつきのレベルでは、自分のアイデアがすばらしいように思えて、気持ちが高ぶっているケースが多く、ポジティブに考えすぎていることがあります。そこで自分のアイデアが「本当にすばらしいものか？」というネガティブな視点から冷静に検証し、失敗につながりそうな要因がないかを考えます。

まずは「負けない方法」について深く考えるのです。

❷ 失敗事例から「負けない方法」を知る

「負けない方法」を知るためには、失敗の事例とその要因について検討します。

自社だけでなく他社にも目を向けました。このインサイドセールスという組織形態は注目され始めた時期で、いくつか成功事例がありました。まず他社に目を向けると、ＩＢＭやデルなどがこの組織の導入に成功していました。その裏側にある課題や反省例に着目し、たくさんのヒントを得られました。関連する雑誌や業界紙などメディアの情報にも目を通しました。

書籍も参考になります。私が参考にしたのは『人材いらずの営業戦略』（宋文洲、

工藤龍矢　日本実業出版社）という書籍でした。営業活動のプロセスに着目しながら、分業による営業活動全体の生産性向上の仕組みをどのように構築すればいいのかということがくわしく書かれていて、参考になりました。

そこで参考になった内容は、「インサイドセールスが目指す営業プロセス」と、当時会社が克服すべき課題と対比する形で図示化し、すかさずプロトタイプに組み込みました。ここでも課題や失敗例に着目しました。

海外に目を向けると、このインサイドセールスは日本に先駆けて成功している事例がアメリカとスペインにありました。そこで実際にバルセロナへ行って、インサイドセールスの関係者にヒアリングすることにしました。

効果的にヒアリングするにはコツがあります。「苦労したことは？　失敗したことは？」などの漠然とした質問をしていては、こちらが求める情報を得られる可能性が低くなってしまいます。

準備として、自分が知りたいことに関する質問事項をまとめておきます。組織全体を立ち上げるにあたり、私は「人」に注目しました。インサイドセールスの例で言うと、人は組織を立ち上げた「責任者」、その彼がマネジメントする「部下」、そして実際に電話でやりとりする「コール担当者」に、目標設定や計画などについてそれを実行するうえで想定外だったことなどを質問しました。

効果的にヒアリングするコツは、前章で紹介した「ＳＴＡＲ」を意識することです。まず、状況（Situation）です。ほかの事例を参考にするときには、状況や前提条件に注目する必要があります。市場の環境も違えば、組織の大きさも、人員構成も違います。環境が違っていれば、同じ行動をとっても違う結果が出てくることもあります。環境が類似していると判断できれば、同じ行動をとったときに似たような結果がえられる可能性が高くなります。

つぎに行動（Take Action）。行動は理由とセットで聞きます。「…と行動した、それはこういう理由からだ」というように、行動の裏付けになる理由を聞いていきます。行動は、特に参考にしたい部分なので注意深く聞く必要があります。

そして、結果（Result）。どのような失敗が結果として起こったかを把握しておきます。このときに自分が実際に推進していくときのことを想定しながら、気をつけておくべきことなどを注意深く聞きます。

このプロセスをふんでいけば、ヒアリングした対象者が失敗を克服した部分を聞くことができます。これに気をつければいいということになります。これらを箇条書きやイメージ図など簡単なメモに残しておきます。自分のためのメモですから体裁を気にする必要はありません。もともとアイデア段階でメモしていたものに書き足していけばいいでしょう。

このようにして失敗例とその要因を把握すれば、失敗するリスクを低減できます。

状況（S）：個人個人のコールが属人的で、組織として効果的にコールができているか、把握できなかった。

行動（TA）：マネジャー一人ひとりのコール結果を個別に確認したが、1日当たりのコールが多いため限界があった。

結果（R）：スタッフの報告業務、マネジャーの管理業務が増え、結果的に生産性が低下した。その結果、最初の3か月は厳しいすべり出しとなった。早期にその対策を打つべきであった（結果、システムを導入して、コール結果を統計的に分析する仕組みをつくった）。

❸ 成功要因から「勝つ方法」を考える

失敗についてヒアリングし、「負けないための方法」がある程度見えてきたら、今度は「勝つための方法」について検討していきます。基本的に失敗例と同様に、STARを意識して聞いていきます。

成功要因を聞くときには、特に「結果」について注意深く聞きます。インパクトのあった「結果」から優先してヒアリングしていくのです。

これを箇条書きでまとめておいて、どのような行動をとれば、どんな結果を得られる可能性が高いかをリストにまとめておくのです。これも自分の思うままに自由にノートにまとめておきます。体裁よりも中身にこだわりましょう。

スペインの事例で非常に参考になったことを紹介しておきましょう。

状況（S）：いつものように1日のコール結果をシステムで分析していたら、Aさんの顧客アポ率が飛びぬけて高いことがわかった。

行動（TA）：Aさんにうまくいったポイントを発表してもらい、それをみんなで共有して実践してみた。Aさんにかぎらず個人個人の効果の高いポイントを特定し（ベンチマーク）、定期的に共有する仕組みをつくった。

結果（R）：1日1回のコール結果を全員で振り返り、コールの生産性を高めるアイデアを蓄積する仕組みをつくった。結果、役員へのアポ取得がXX％向上した。

ここまでの3つのプロセスは、いまから実現しようとしているものの価値を決定づける要素です。この3つのプロセスが浅いとそのプロトタイプ自体が浅いものになってしまいます。この3つのプロセスには時間をかけましょう。

❹ 独自性を追求し「自社でやる」理由を考える

プロトタイプの独自性についても徹底的に考えておく必要があります。

この1から3のプロセスのなかで検討して、独自性のあるものになっていれば理想的ですが独自性に欠ける場合もあるでしょう。このときには**いま考えているものを実現したときの受け手（お客様、取引先、社内関係者など）のメリットを考えます。**

「どのようなメリットを受け手に提供できるのか？」「それをどのように表現すればわかりやすいか？」「なぜ我々がそれを提供するのか？」などというように、受け手の視点を意識して「なぜ」「どうやって」を繰り返し自問していけばいいでしょう。

そのプロトタイプが実現したときのインパクトも考えておくようにします。

ビジネスでは、株主、お客様、取引先といった利害関係者がいる場合がほとんどです。彼らにどんな影響をもたらせるか？　会社の収益にどのような利益を与えられるのか？　それにより市場での認知度はどう変わるのか？　など、自分たちが達成することによる周囲への影響を理解できるのです。

なお、この時点の成果物のイメージとしては、自分が実現したいことの全体像を箇条書きや図示で表したもの、また何から手をつけるかのＴＯＤＯリスト（行動プラン）をまとめたものです。**かっこいい企画書にまとめる必要はなく、自分の頭の中にある行動イメージをＡ４サイズで１枚や２枚程度の紙に整理したもので十分**です。

これらのプロセスをふだんから意識している人もいるでしょう。しかし、それが自分だけの頭の中にあるのと、自分にも他人にも目でわかる形に紙で表現しているのとでは大きく違います。

一流のデキる人はそれを頭の中で超高速で回転させるのですが、私には彼らのような経験も知恵もありませんでした。私は自分の頭の中にあるアイデアを誰からもわかるようにし、様々なアイデアやノウハウを吸収しながら改良していったのです。それがプロトタイプをつくる動機でした。

3 プロトタイプを整える2つのプロセス

80%
OF THE RESULT DEFINED BEFORE ACTION

❺ フィードバックにより「思い込み」をチェックする

ここまでのプロセスを経ると、最初はただのメモにしかすぎなかったアイデアに「失敗しない理由」「成功する理由」「自社でやる理由」を裏付け、ある程度形にすることができました。A4サイズ1枚程度に整理したもので十分です。

ただしこれには**「自分のバイアス」がかかっている可能性**もあります。ヒアリングの際の質問が、こちらの望む答えに知らず知らずのうちに誘導してしまうもので事実と異なる方向に偏っている可能性もあります。あるいは確認しておくべきことに抜けモレがあったり、自分たちに都合のいいように解釈してしまっているケースもあったりします。

多くの人が経験していると思うのですが、人のアイデアの弱い部分はすぐに気づいても、自分のアイデアとなると冷静に評価していないケースが少なくありません。**自分のプロトタイプを冷静に評価するためにも、ほかの人からフィードバックをもらう**ようにします。

このフィードバックをもらう相手はどんな人がいいでしょうか？

まずは実際にヒアリングした人に聞きます。文字や図に落とし込んだ資料をもとに、彼らに聞けば、聞き落としや意味のとり違いなどがないかを確認できます。ヒアリングで得られなかった「追加情報」も得られます。

まったく関係ない人の声を聞くのもいいでしょう。すると「ウチの組織ではね」と思わぬ工夫ややり方を聞けることもあります。

それから、自分が報告すべき上司や決裁権を持った人にも聞きましょう。彼らに見せれば、だいたいどのような進め方をしようとしているのかイメージをつかんでもらいやすくなります。

なお**忘れてはいけないのは、フィードバックを受けて最後に判断するのは自分であること**です。「誰かが言ったから」などというのは禁句です。あくまで自分の意志であることを意識しましょう。

❻ 数値化して「期待値」を明確にする

次のプロセスで目標となる数字を決めます。これは最も重要なプロセスです。設定するべき数字は場合によって異なりますが、売上、利益、期限、予算（費用）などが一般的でしょう。

副社長補佐のときに学んだことの最大の1つが数字へのこだわりの強さでした。ヒアリングする際には、ある程度数字を意識しながら把握していきます。数字を明確に意識すると、達成する意欲と責任感を強く持つようになります。

このインサイドセールスの場合、従来の訪問型の営業とインサイドセールスの場合の比較を、数字にもとづいて説明する資料を作成しました。

目標数字は、自分で設定する場合もあれば、他人が設定する場合もあるでしょう。他人が数字を設定する場合は、その数字が妥当か検証できます。もともと目標数字100で見込んでいても、実際には120ぐらいは見込めるのかもしれません。反対にどうがんばっても80程度だろうという結論になれば、上司に残りの20をどうするのか判断を仰ぐこともできます。

自分で数字を設定する場合は、ヒアリングの過程をもとに目標数字を設定します。

こうすれば、自分が何をするべきかが明確になります。

数値化するときには、周囲から自分への期待値を把握しておくことも大切です。「期待しているからね」と言われても、何を期待されているのか漠然としていて、よくわかりません。このような漠然とした期待は、重荷となってストレスの原因になってしまうこともあります。

周囲の期待を数値化しておけば、自分が何を期待されているのかが明確になります。この数値化の工夫についてはきわめて重要なので第3章で改めて説明します。

ここまで紹介してきた6つのプロセスが固まれば、実現度が高くてインパクトのある結果をイメージしやすくなります。

世界で活躍するような人たちは、この6つのプロセスを「超高速」で行なっているのです。これこそが私が解明した「ブラックボックス」の中身です。

4

プロトタイプへの「こだわり」と「ワクワク感」

80%
OF THE RESULT
DEFINED BEFORE
ACTION

1つの「プロトタイプ」にこだわりすぎない

私は営業企画を統括していたとき、60程度のプロジェクトを管理していました。そのときに感じたことは、プロトタイプをつくるときには、1つにこだわりすぎないことが大切ということです。

「A」というプロトタイプをつくったら、それがどんなにすばらしいと思えるものであってもこだわりすぎてはいけません。そこから派生した「A ver 1.1」「A ver 2.0」とプロトタイプを改良する必要に迫られることもあるでしょうし、バージョンアップでは対応しきれず、まったく別物の「B」というプロトタイプをつくる必要に迫られることもあります。

自分の渾身の思いを込めてつくったプロトタイプを否定するのは、辛いことです。私自身も幾度となく悔しい思いをしてきました。ただこの、**「行動する前」のやり直しが効くことこそ、「プロトタイプ」をつくる最大のメリット**です。

一生懸命時間をかけてまとめた企画でも、やり直しや不採用になったら再びスタートラインに戻ることもあります。時間がかかるばかりでなく、なかなか行動や結果につながりません。ブラッシュアップのためのものですから、あくまでポジティブにとらえるようにしましょう。プロトタイプだからこそ、何度もやり直しできるのです。

あるプロトタイプをつくっているときには、それに集中してしまうものです。結果を出し続けるためには、複数のプロトタイプを同時に走らせなければなりません。

「それが達成したとしてワクワクしますか？」

ここまでプロトタイプを作成するノウハウを紹介してきました。プロトタイプの作成過程もしくは作成後に、自問してほしいことがあります。

それは「プロトタイプをつくる過程でワクワクするか?」「それが達成したとしてワクワクするか?」ということです。これは馬鹿にできません。

この**「ワクワク感」は、行動したくなるエネルギーのようなもの**です。「行動する前」にこのエネルギーが十分に蓄積されていると、動きたくて仕方なくなります。その衝動が行動する時のスピード（初速）を生み出すことになります。

ある程度、結果が見込めそうなものであっても、自分がワクワクしないと実現したときにもそれほど大きな喜びはありません。

例えば、私は31歳のときに競合企業対策プロジェクト（ＳＷＡＴチーム）のリーダーを任されることになりました。このときに与えられた期間は1年でした。もし、この1年の仕事を半年で達成できれば、サプライズを提供できると考えるとワクワクしました。いろいろな人が困っている課題を解決して、感謝の言葉をもらえたりするとうれしいものです。

慌ただしく仕事をしていると、その仕事の喜びを忘れてしまうので立ち返るべき原点にしておくといいでしょう。

そして自分のキャリアという視点も大事です。「いまは大変だけどやりぬけば次のステップが来る」と思うと、自分の将来が明るいものに感じてやる気が出てきます。

私はこれらについてもノートにまとめ、いつでも見られるようにしています。

プロトタイプをつくるときには、ワクワクを盛り込むことを意識しましょう。

挑戦を笑う人よりも、挑戦する人になれ

副社長補佐、新営業組織「インサイドセールス」の立ち上げ、営業企画本部、そして現在のチャネル営業本部など私の仕事は新しいことへの挑戦の連続でした。これまでのところ、何とか結果を形にしてこられました。

「新しいこと」に挑戦して一定の結果を出せたのは、一緒に汗を流してくれる仲間や、ふだんは暖かく見守ってくれ、困ったときに助けてくれる上司がいたからです。その人たちの支えがあってこその結果だと思います。

何かに挑戦するときには、応援してくれる人ばかりではありません。どの組織にも必ず「お手並みを拝見させてもらおう」という冷ややかなスタンスの人がいるものです。なかには「そんな挑戦うまくいくはずがない」と批判してくる人もいます。

私も最初のうちは、そうしたネガティブな声に敏感に反応してしまい、気持ちが落ち込んでしまうこともありました。

COLUMN2

80% OF THE RESULT DEFINED BEFORE ACTION

そんなときにアメリカ人の上司が、「あなたが挑戦するときには、あなたの挑戦を笑う人がいるかもしれない。それでもあなたは挑戦しなくてはならない。あなたにはその資格も資質もある」という言葉をかけてくれたことがありました。

その言葉のおかげで、いい意味で開き直ることができました。とにかくいまやりきることこそが最大の戦略だと考えられるようになったのです。

それ以来、批判されることを必要以上に恐れることはなくなりました。ブラッシュアップのための1つの意見だと自然に考えるようにしました。根拠のある批判の聞くべきところは聞いて、取り入れるようにしたのです。

同時に批判やネガティブな意見に対しては、「行動と結果で反論してみせる」と決意しました。

結果を出したとしても「運がよかったからだ」と言う人もいます。そう言われれば、また結果で反論するだけです。これを繰り返していけば応援してくれる人が増えてくるものです。もっとも反論するために様々な仕事に取り組んでいるわけではありませんが…。

挑戦を批判する人よりも、挑戦する人でありたい。この挑戦の先に得られる結果ほど成長と喜びをもたらしてくれるものはありません。

・失敗のリスクを抑え、確実な結果へ導くのがプロトタイプ
・プロトタイプは成功する理由より失敗しない理由を先に固める
・自社でやる理由まで考えないと経営資源は動かせない
・自分のアイデアは自分が思うほど優れてはいない
・プロトタイプをつぶすのも1つの勇気

POINT
CHAPTER 2

改善から“革新”へと
意識を変える
「ストレッチゴール」

目標設定には、「改善型」と「革新型」があります。後者を「ストレッチゴール」と呼び、思考と行動に大きな変化をもたらします。私もストレッチゴールを意識するようになり、仕事の進め方が劇的に変わる経験をしました。本章で紹介する「ストレッチゴール設定法」で、自分のステージが変わる醍醐味を味わってください。

80%
OF THE RESULT
DEFINED BEFORE
ACTION

1

ストレッチゴールって何？

80%
OF THE RESULT
DEFINED BEFORE
ACTION

私の友人Kさんは、もともとスポーツジムでインストラクターとして働いていました。スポーツジムのインストラクターのなかでも人気があって、彼を目的に遠方から電車で1時間以上かけて来るお客様もいたそうです。

彼はハングリー精神の持ち主で「もっと給料がほしい」と考えていました。そこで知人の経営者に相談したところ、「へー、給料がもっとほしいんだ？　いくらぐらいほしいの？」と聞かれ、「月の手取りが3万円ぐらい増えればいいなと思って」と答えたそうです。

するとその経営者は、「え、そんなもんでいいの？　オレなら、月100万円くらいにする方法を考えるけどな」と真顔で言われたそうです。

いまの生活を基準にして、ほしい給料を答えたKさんにとって、その経営者の視点はまったく自分の頭の中にないものでした。

そしてKさんは、スポーツインストラクターの経験と前職のアパレルショップ店員の経験を活かして、「自分の着たい服を着れるようになれるシェイプアッププログラム」を中心にした事業を始めました。いまや月100万円以上の収入があるそうです。

思考と行動に「革新」を起こし成長につなげる

このKさんの話は、「行動する前」の目標設定により結果が決まっていることの好例です。

「現状よりも3万円アップ」という「改善」の目標から「月100万円稼ぐ」という「革新」が必要な目標に変えることによって、思考と行動に変化が起こったのです。

このように**自分の伸びしろを劇的に伸ばす目標をストレッチゴール**と言います。

私自身もこのストレッチゴールを強く意識するようになってから、仕事での成長のスピードが早まったと思います。

第2章で紹介した営業の新組織を立ち上げて結果（数字）を出す仕事は、私にとってストレッチゴールそのものでした。当時の私の仕事の思考レベルやスキルを「改善」するだけでは到底達成できない目標でした。自分の視点や思考、そして行動のスピードを「革新」せざるをえませんでした。

少しでも早く結果を出すための「初速」の上げ方や、約束として必ず達成しなければならないコミットメント、経営陣へのプレゼンテーション、人をまとめる会議のファシリテーションなど、一気にレベルアップを迫られたのです。

ストレッチゴールを強く意識すれば、以前の自分にはできなかったことが、自分でも驚くくらいのスピードでできるようになるのです。ぜひこのスピード感を体験してください。

「目標の上」に目標を設定する

ビジネスにおいて、目標を設定するときには、最低目標ラインを設定します。その目標の最低目標のラインを数値化しておくと同時に、「目標の上」にもう1つ目標を「ストレッチゴール」として設定しておくのです。

以前、私が尊敬する戦略コンサルタントの山本真司さんから「君はいまの3倍の目標を目指したほうがいい」と言われたことがありました。そのときの私は、自分の達成したい目標を「これくらいならできるだろう」と確実にできることを最終ゴールに

「一般的な目標」と「ストレッチゴール」

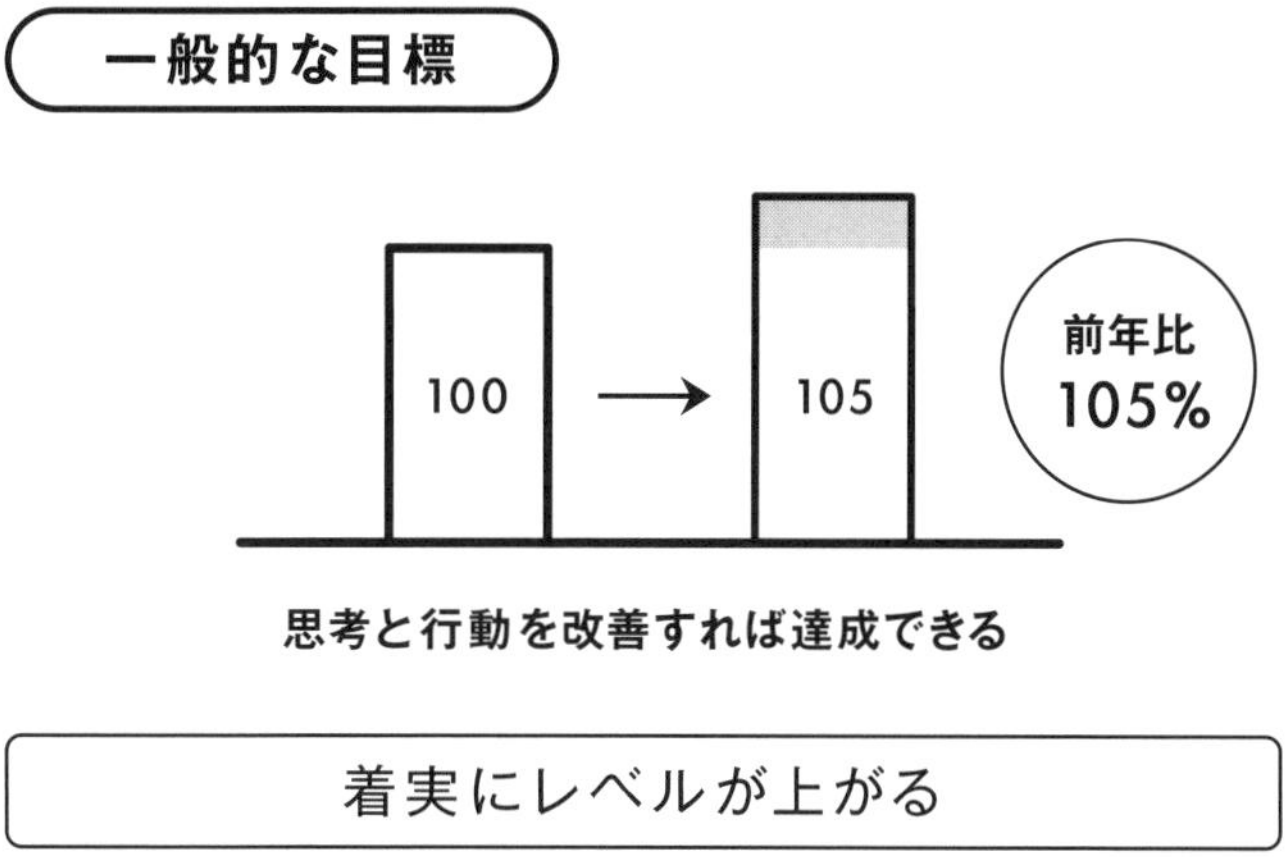

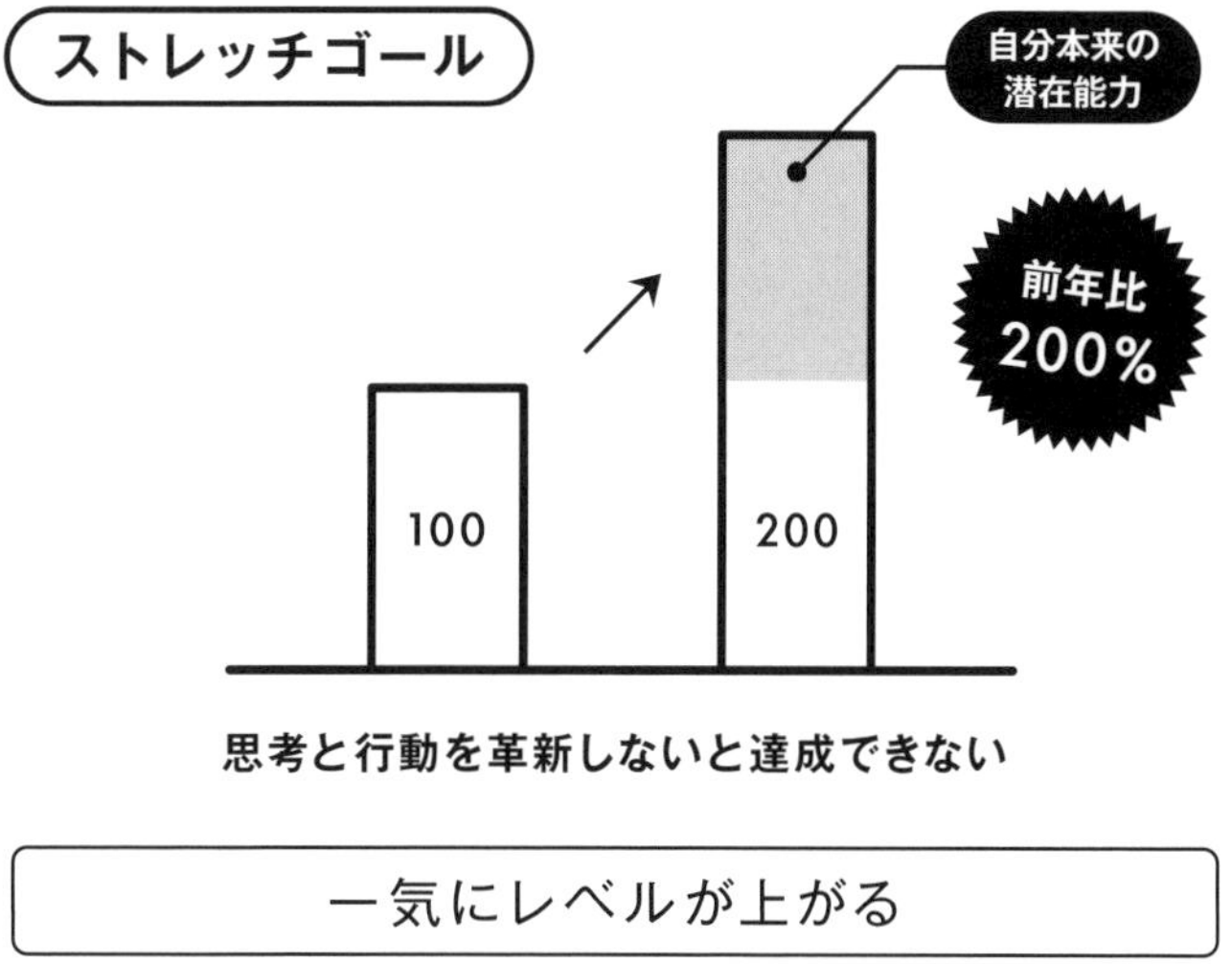

設定しており、結果的に自分の成長の可能性を自分自身で制限していたのです。山本さんのアドバイスもストレッチゴールの考え方にもとづいたものだったのでしょう。

ストレッチゴールの設定方法には、いろいろな切り口があります。

例えば営業の人であれば、周囲のトップセールスの売上実績を目標値に設定してみます。人間の能力に大きな差はありません。つまり**自分の周囲のデキる人をストレッチ目標にする**わけです。それがストレッチであれば、必ずしもトップセールスでなくても自分の競争相手や先輩の売上実績でもいいでしょう。あるいは自分自身の過去を競争相手と考えたら昨年の30パーセントアップ、50パーセントアップといった具合です。

「行動する前」から目標のさらに上を意識するのです。これはスキルというよりもマインドセットの問題です。

ストレッチゴールに慣れれば、成長し続けるマインドセットを強化できます。自分のなかでストレッチゴールを設定し、その目標に挑戦していれば自分の限界を突破できるでしょう。ストレッチゴールは「革新」を起こすためのものだから、どんな目標でもいいかと言われればそれは少し違います。ストレッチゴールは実現困難であると同時に達成可能であるべきなのです。

② 「もっと成長したい」は目標ではない

80%
OF THE RESULT DEFINED BEFORE ACTION

意外にみんなできていない「目標設定の基本」

ここでストレッチゴールを立てるための前提となる「目標設定の基本」を紹介しておきます。

例えば、「もっと仕事がデキるようになりたい」「もっと成長したい」というような目標は、いい目標とはとても言えません。

この目標自体が漠然としているからです。「仕事がデキる人になりたい」というのは、よくわかりません。「仕事がデキる」というのは人によって、その基準がまったく違います。これではその目標を達成しているのかどうか、結果がわかりません。

当たり前のことだと思うかもしれませんが、実は多くの人が陥ってしまいます。私自身、20代のころはよく「もっと成長したいんです」と言っていました。これは冷静に考えると、スタンスや心意気を示しただけで、どんな姿に成長したいのかというものが見えてきません。つまり、「もっと成長したい」というのは目標ではないわけです。

目標は、達成できたかどうかを判断できる基準が必要です。そして**目標は「明確なゴール」「現在地」「行動プラン」の3点がそろって初めて成り立つ**のです。

この点、グローバルの人たちはこの3点をセットに考えるフレームワークがセットされています。少しでも曖昧だと質問が飛んできます。

「明確なゴール」を設定する

では、明確なゴールを設定する方法を紹介しましょう。ビジネス書をよく読んでいる人にとってはおなじみですが、目標は「SMART」が大切です。

S＝Specific（具体的である）
M＝Measurable（計測可能である）
A＝Achievable（達成可能である）

R＝Relevant（価値観にそっている）

T＝Time-bound（期限のある）

これらを満たせば、明確なゴールを設定できます。

例えば、「前期よりも売上を上げます」と言うのをSMARTで表現するとどうなるでしょうか？

「今年度は、5000万円の売上目標を年度末までに達成し、社業に貢献します」となります。

これだけのことと思う人もいるかもしれませんが、この目標はSMARTを満たしています。ただこの明確なゴールを設定すること自体は、それほど難しいことではありません。

なぜか無視されてしまう「現在地」

目標設定のときに、意外に抜け落ちている視点が**「自分の現在地」**です。

例えば、「今年度は、5000万円の売上目標を年度末までに達成し、社業に貢献します」という言葉を、どんな人が言ったかで意味が変わってきます。

昨年度が4500万円の売上を上げた人であれば、前年比で約111%の目標値ですから、会社のビジネスの成長状況にもよりますが、目標としては妥当だと言えるでしょう。一方で、これが2500万円の売上だった人であれば、前年比200%の数値を設定していることになります。

後者の人がストレッチゴールとして宣言しているのであればいいのですが、自分の力を知らずに目標を立ててしまっているのであれば問題があります。

自分の現在の力を把握して目標を設定することを基本にするべきです。

ドライブで自分の現在地もわからずに目的地を設定すると、時間以内に到達できない可能性のほうが高くなってしまいます。やはり目標は達成してこそ意味があるものなのです。

ビジネスにおける自分の現在地は、数値化されているもので把握します。売上、契約件数、前年比などいろいろなものが考えられますが、収益に貢献する部分を数値化してみるといいでしょう。会社の評価基準が公開されているのであれば、それをもとに自分の現在地を知る方法もあります。

数字の表現の仕方はいろいろあります。例えば売上、人数、本数、回数、期限、距

目標設定の基本

目標の3要素

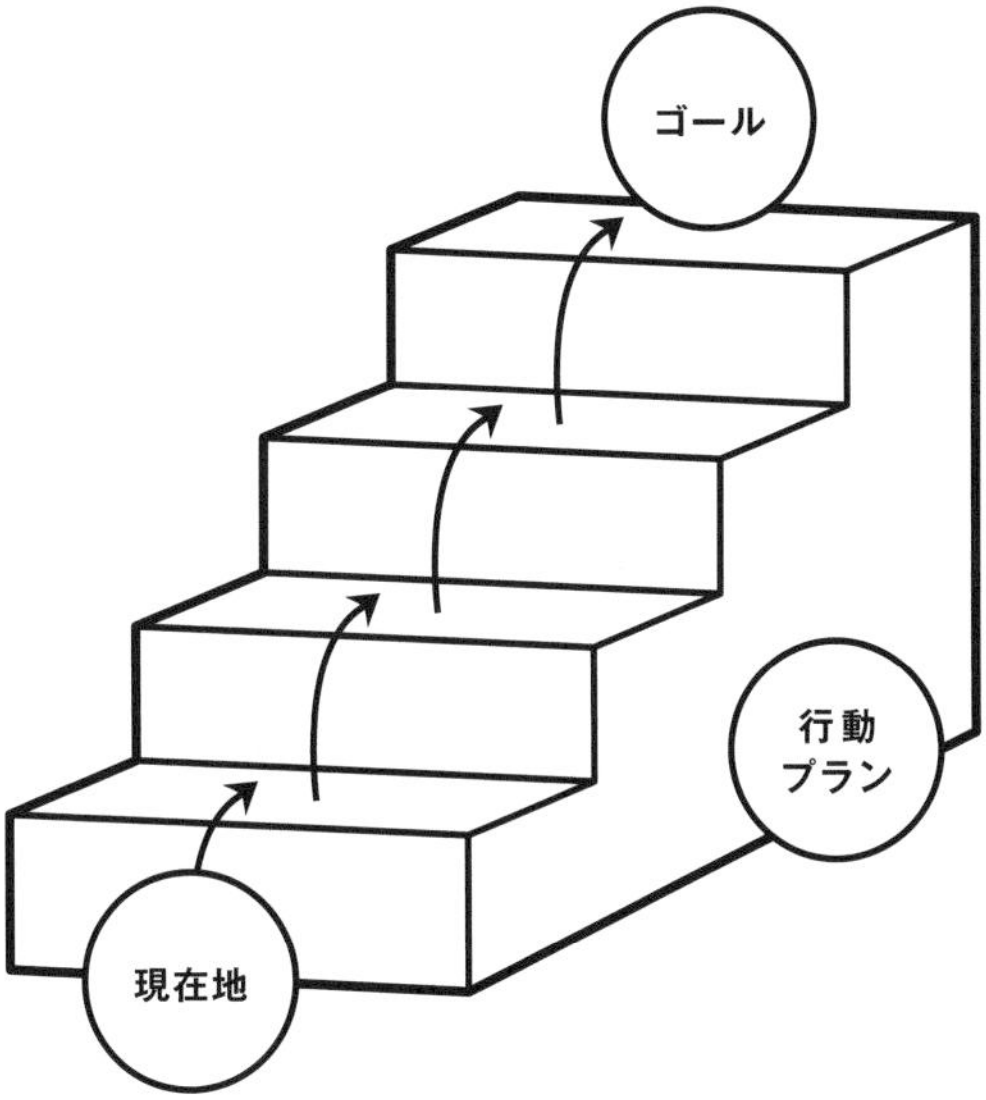

CHECK!!

ゴール	具体的か、計測可能か、達成可能か、価値観にそっているか、期限が明確か
現在地	実績・力量を正確に認識している
行動プラン	仕事のプロセスを分解しているか?

離、予算など、自分が「これだ」という活動を数字で表現する習慣をつけてみましょう。私がそのなかで特に意識しているのがS（Speed）、Q（Quality）、V（Value）です。例えば「期限」や「数」はスピード、「前年比」や「顧客満足度」はクオリティ、「売上目標」「距離」はバリューです。

「行動プラン」のない目標は目標ではない

そして最後が「どうやって」そこに到達するかという行動プランです。「明確なゴール」「現在地」自体を設定するのはそれほど難しいものではありません。

多くの人がおろそかにするのが、目標を達成するための「行動プラン」を考えることです。**行動プランのない目標は絵に描いた餅そのもの**です。

ではは行動プランを、どうやって立てればいいでしょうか？

① 年間目標から落とし込んでいく

年間で売上目標を5000万円と決めたら、数字を分解して落とし込んでいきます。会社から言われるがままにがむしゃらに売上目標を追うよりも、達成に向けての行動のイメージがつきやすくなります。

例えば上期と下期、そして四半期、月ごとの目標というように落とし込んでいきます。業務内容によって、可能であれば週や日まで落とし込んでいってもいいでしょう。

ここで意識したいのが、なぜ月ごとにまで数字を落とし込んでいるかという視点です。それは達成状況をチェックするからにほかなりません。

② 仕事のプロセスで落とし込んでいく

仕事のプロセスで落とし込んでいく方法があります。

営業の仕事であれば、「面談のアポ」「商談」「提案」「受注」「契約」などというプロセスに落とし込めるでしょう。

優秀な人は、自分の仕事のプロセスを分解して進捗を管理しています。そして、受注に至るまでの割合などを把握しています。

③ 目標から「割り算」する

売上目標が5000万円で、契約平均売上が500万円だとすると、約10件契約する必要があります。これをさらにスケジュールに落とし込んで、プロセスで分解する方法もあります。

以上の3つを組み合わせれば、目標を行動プランにまで落とし込めるはずです。行動プランの重要性はいくら強調してもしすぎることはありません。同時に行動プランは、目標を達成するための「手段」であって「目的」ではありません。それがいかに行動しやすい状態にあり、それを行動するときに、進捗状況を振り返り、それをもとに「次の行動」にどう移していくかが重要なのです。優秀な人はこの分解の意味をしっかりと押さえ、結果をチェックしているのです。

目標は「5W1H」を切り口に言語化しておく

海外と仕事をすると頻繁にミスコミュニケーションで悩むことがあります。目標についてのミスコミュニケーションはあってはならないものです。私も「言った・言わない」で非生産的な口論をすることがよくありました。それを避けるためには、書面でお互いの合意事項を共有しておくことが重要です。

以前、上司との電話会議で次の行動を確認しました。私は自分にとって重要な行動

⇨ 目標の例を文書化してみると…

年間売上目標

- □ コミットメント5000万円、ストレッチゴール7500万円を達成することにより、自社の売上拡大はもちろん、市場での認知度を上げる
- □ 3四半期で年間目標を達成、またストレッチゴール自体も前倒しで達成する

四半期ベースでの目標

20YY/07/15
※単位：万円

	1四半期	2四半期	上期	3四半期	4四半期	合計
目標（コミット）	1000	1000	2000	1200	1800	5000
（ストレッチ）	1800	1950	3750	2000	1750	7500
実績	1800	1500	3300			

案件進行状況

優先順位	会社名	見込み	ステータス	受注時期
1	A社	800	□ 先方が見積もり検討中	20YY/09/14
2	P社	500	□ 9月上旬にクロージング	20YY/09/25
3	B社	300	□ 8/3役員訪問予定	20YY/11/09

重要行動リスト

行動アイテム	期限
□ 新規企業へのアポ拡大	20YY/07/30
□ P社の商談資料を作成し、メールにて事前共有	20YY/07/25
□ T部長に同行してもらい、商談スキルを盗む	20YY/08/03
□ S社に電話して、資料の検討状況をヒアリング	20YY/07/30

この表を繰り返し確認して、目標達成を目指す

を優先して実行していたのですが、次の電話会議でその上司から「あのとき約束したＸＸができていない」と言われました。私にとっては重要ではなかったことでしたが、その上司の立場では海外全体で動いているプロジェクトであり、目標でした。その上司にとっては、日本以外の他国との連携なくしてその目標は実現できないのです。

私はそのとき「それよりも大事なことがある」「その約束はハッキリと覚えていない」など様々な言いわけをしましたが、相手には通じません。その内容はしっかりと会議メモに記載されてあったのです。その上司の目標は私も知っていたことだったからです。お互いの目標を達成するうえで、私のその行動が不可欠だったのです。文章で相手と合意することに慣れていなかった当時のミスでした。

目標は関係者に宣言することが重要ですが、同時に文章にしておくことが重要です。それを習慣化すれば、自分が宣言したことに対する意識も向上しますし、それを支援する人の行動も変わります。

文書化する際には回りくどい表現や、理由づけは必要ありません。

５Ｗ１Ｈを明確にすればいいのです。５Ｗ１Ｈは「ＷＨＯ／ＷＨＥＮ／ＷＨＡＴ／ＷＨＥＲＥ／ＷＨＹ／ＨＯＷ」です。つまり「誰が、いつ、何を、どこで、どうして、どのように」実行するかを明確にします。これにより、責任の所在や目標や期限、あるいは作業分担が明確になります。

こうして書面化した内容を関係者で合意しておけば、ミスコミュニケーションは避けられます。日本だと、あうんの呼吸が通じることもありますが、海外ではそうとはかぎりません。そこでも目標を達成するために明確に文章にして関係者と共有しておくのです。

日本の感覚だと、文章で共有することは相手を信用していない表れでは？　と思うかもしれません。しかし、信用は結果とともについてくるものであり、特に海外では過程は様々なのです。そして文書化は海外では当たり前のように行なっている習慣です。むしろお互いの信用を目標達成によって向上させるのです。

3 ストレッチゴールで自分の限界を打ち破れ

80%
OF THE RESULT
DEFINED BEFORE
ACTION

「以前の自分」を60％以上超える

最もわかりやすいストレッチゴールの設定法は、これまでの自分をもとに目標を設定することです。例えば、売上前年比の60％アップという目標もあれば、以前の自分にはできなかったことをできるようになることを目標にする方法もあるでしょう。

目標を60％アップなど高く設定すると、自分の仕事の進め方を「革新」する必要に迫られるでしょう。60％というのはあくまで便宜的な数字です。従来の延長上の「改善」レベルでできてしまう人は、もっと高い数字に挑んだほうがいいでしょう。

このときには第1章で紹介したベンチマークを活用できます。自分がトップでなければ、部署のトップの人をベンチマークしてもいいでしょう。自分のストレッチゴールの数字に近い結果を出している先輩をベンチマークする方法もあります。「業界トップ」を目指すのもストレッチゴールになるでしょう。

そして自分と何が違うのかを比較して、それを徹底的に真似るなどして挑戦すればいいのです。

期限を「前倒し」に設定する

期限を「前倒し」にして達成するのは、大きなインパクトがあります。

年間目標が5000万円だったとすると、ほとんどの人は目標を年度末に達成するように動くものです。

「みんなが12か月かかって達成するところを、僕は10か月で達成する」と決めて、それを年間スケジュールに落とし込んでもいいでしょう。

私の経験でお話しすると、新しい営業組織を立ち上げるときに、海外では外部のコンサルタントが入って6か月で立ち上げた組織を、3か月で立ち上げることを宣言しました。

グローバルで仕事をしていると**「90日計画（90 days plan）」**を求められます。1

つの四半期が90日前後だというのが最も大きな理由ですが、人が期待して協力的でいられるのも90日と言われます。見方を変えると、それまでに結果をしっかり出せば、周りからの評価や期待をさらに高められるのです。

新しい営業組織の立ち上げは、無事に前倒しして達成できました。その成功要因は、この「90日計画」を明確にしていたからでした。スタートの2か月目で成果が出てきたことにより自信が生まれ、プロジェクトメンバーの実行速度が一気に上がるように計画していたのです。

年間計画が求められるものは、90日間（3か月）×4クールで何らかの成果が出せるように計画してみましょう。具体的には90日で成功できるものを探すのです。

歴史上の「記録」に挑んでみる

会社には、長短の差はあってもそれぞれに歴史があるものです。スポーツの世界ではよく「歴史」との比較がなされます。「史上最高」「史上最速」「史上最年少」などという言葉をよく見かけます。

これを会社で意識してみると、大きなストレッチになるでしょう。

「100年を超える企業のなかでも史上初」などと言うとすごいものです。「業界の史上初」を目指してみるのもいいでしょう。

技術者であれば、「業界史上初の実用化に成功！」などというものもあるでしょう。企画を仕事にしている人であれば、「これまでになかった斬新な企画」「メディアで話題沸騰の商品Pのヒット企画」というのもあるでしょう。

業界トップ企業に勤める人であれば、「社内史上初」がそのまま「業界史上初」になることもあるでしょう。お世話になっているある業界トップ企業の役員の方は「トップ企業は業界の将来をつくらなければならない」とおっしゃっていました。その自負と誇りに心を打たれたものです。また中堅中小企業に勤める人にとっても、「業界史上初」というのは非常にロマンを感じさせる話です。

「連続記録」というのもいいでしょう。営業マンであっても「10年連続トップセールスとして記録更新中」というとインパクトがあります。

ストレッチゴールを意識することによって、「改善」から抜け出し、「革新」を起こし、自分の限界を突破しましょう。

能力やスキルの「掛け算」で自分をストレッチする

「ドラゴンクエスト」というロールプレイングゲームを知っていますか？　なかでも特に人気があるのが「ドラゴンクエスト3」です。人気の秘訣は、「転職システム」にあります。

最初は、「戦士」「魔法使い」などを選択し、4人以内のパーティー（チーム）を組み、敵を倒しながら地道に経験値を貯めるところからスタートします。経験値を貯めていきレベルが20以上になると、転職できるようになります。例えば、「戦士」が「魔法使い」に転職すれば「魔法の使える戦士」になったり、武道家が戦士に転職すれば「武器も使える武道家」になったりするのです。ストーリーも後半になり、敵のレベルが上がると1つの能力しかない仲間よりも、転職によって複数の能力を合わせ持った仲間のほうがパーティーに残りやすくなります。

これはビジネスでも非常に参考になります。能力やスキルは組み合わせることによって、より希少価値が生まれるのです。自分が他者との違い（希少性や差別化要素）を明確にアピールしていく際に有効なのが「スキルの組み合わせ」なのです。

日常会話レベルの英語では帰国子女にはかなわない人でも、ビジネスの知識と掛け合わせれば、彼らとは違う土俵で自分の能力を発揮できます。「ビジネス×英語力」というスキルと能力の掛け算が希少価値となるわけです。

これまで私は3人のすばらしい上司に育てていただきました。マーケティング本部長のA氏からは、市場からものごとを考える思考やビジョンをつくり出す力を。B氏からは、事業企画の観点で、戦略思考、フレームワーク思考、分析力を。営業本部長のC氏からは、お客様に対する姿勢や、数字を見て売上を予測する力を学びました。さらに掛け算をし、「英語ができIT技術に精通した経営者」を私は目指しています。「英語×IT×マネジメント」経験者は、希少価値が高い人材と考えられます。

このように複数のスキルを組み合わせると、自分にしかない付加価値を生み出せる可能性が非常に高くなるのです。それが徹底的な差別化、個性化につながっていくのです。

自分の能力をストレッチさせるうえで、このスキルや能力の掛け算はきわめて有効な手段だと言えます。

POINT

CHAPTER 3

・達成困難かつ実現可能な目標がストレッチゴール
・ストレッチゴールを設定すれば、思考と行動が「革新」される
・結果は「目標設定」で8割決まる
・「自分史上の記録」をクリアし自分の限界を突破せよ

「コミットメント」で“初速”を上げて一気にやりきる

コミットメントは目標をほかの人に宣言して、有言実行で目標を達成する方法です。コミットメントとして宣言することにより、意識と責任感が変わります。それが行動に変化をもたらし、優れた結果を残すことができます。コミットメントしたことは、いかにスピーディに実行できるかが重要であり、とりわけ初速は重要です。本章では「決めたことをすぐやる」スキルを紹介します。

80%
OF THE RESULT
DEFINED BEFORE
ACTION

1

コミットメントすれば「行動」も「結果」も変わる！

80%
OF THE RESULT
DEFINED BEFORE
ACTION

不言実行よりも「有言」実行で人の目を利用する

「以前からマラソンを始めているのですが、なかなか練習が続きません。これでは目標としていた来年のホノルルマラソンで42・195キロメートルの完走も危うくなりました」

私が主催する勉強会で参加者のTさんから相談がありました。

私はTさんが発言した内容に重要なヒントが隠れていることに気づきました。それは「ホノルルマラソンで42・195キロメートル完走する」という目標が明確であることです。私はTさんに2つのことを質問しました。

1つは、「マラソンはしんどいのになぜそれをやろうと思うのですか？」ということでした。「しんどいことからずっと逃げ出すことが多かったので、そういう自分を変えたいと思ったのがきっかけです」という答えが返ってきました。

もう1つは、「ホノルルマラソンの完走を周囲の知人や家族に宣言したことがありますか？」と聞いたところ、Tさんから「話していません」という返答がありました。

そこで、私はその人にこんな工夫を提案しました。

①（いままさに私にこの場で宣言したように）周囲の知人や家族にホノルルマラソンで42・195キロメートルを完走することを宣言してみる。

②ホノルルマラソンの〝次の週〟に知人や家族とお疲れさま会をセットしておく。

③ホノルルマラソンの〝次の月〟に「ホノルルマラソンを通じて得たこと」を知人を集めた勉強会で発表すること。その仮日程を明日関係者に伝えること。

こうしておけば、たとえ完走できなくてもたくさんの学びがその知人たちと共有できます。

①により、ホノルルマラソンの完走を目標として宣言したうえで、ツイッターやフェイスブックなどを活用しながら近況を発信していけば、周囲からの応援のメッセージや継続のヒントを得ることもできます。

②によって、自分が確実に達成したい目標を数値化し（この場合は期限や距離）、

それを周囲の人間を巻き込んで宣言し、自分を動機づけるのです。さらにその目標日の前後にイベントを設定し、公表しておいて自分を追い込みます。

そして③の勉強会に来る人の多くは、マラソン完走の秘訣を聞きたいでしょう。それと同じくらい、苦労話や克服したことに興味があるでしょう。それは彼らがホノルルマラソンへ挑戦する際の参考事例になり、プロトタイプにもなるからです。

できることなら知人や家族に協力してもらい、定期的に「どんな状況？」と自分に聞いてもらうようにお願いするといいでしょう。自分が宣言している目標です。必ず周囲の人も協力してくれるはずです。

これはコミットメントの考え方をマラソンにあてはめたものです。

コミットメントは「信念や目的を数値化したもの」

私はコミットメントを「自分の信念や目的を数値化したもの」ととらえています。「ある売上目標を達成する」という**コミットメントは、数字を達成することそのもの以上に、数字を達成する先にある信念や目的が重要**だと考えています。

例えば売上を達成し続けることで「会社が成長する」、新製品を開発し「新しい付加価値をお客様に届ける」、雇用が安定し「従業員の満足度が向上する」、教育投資ができ「将来の会社を担う人材（タレント）が育成できる」、株価を上げ「投資家に還元できる」などです。自分が売上目標を達成することで、自分自身はもちろん自分の周囲の仲間にも結果的に還元されるのです。

このような信念や目的は目に見えないので、なかなか相手に伝わらないものです。だからこそ言語化し数値化するのです。**信念や目的を明確にして、周囲に宣言するほど、多くの支援を得られる**のです。その支援が部門や国境を越えて行なわれるものならなおさらです。

自分の信念や目的を意識したコミットメント、そしてその達成を周囲に約束したコミットメントであれば自然と行動も結果も変わります。

自分の意思を明確にしてハッキリ伝え、自らの行動を促すコミットメントは世界標準の仕事術です。口でいくらすごいことを言っても、それがいつまでも結果として見えてこない人は、いつか信頼を失ってしまいます。

一方、有言実行の人間は信頼されます。グローバルでは日本以上に相手の性格や文化が見えないので、このように信頼関係をコミットメントで示して目指すべきところを明確にしておくのです。ますます国際化していく日本国内においても同様でしょう。

日本人同士では以心伝心や暗黙の信頼関係で何とかなることでも、海外ではそれが通用しません。そうした状況のなかで、自分の考えを相手に伝え、仕事を進めていくためには、明確な言葉で相手とコミュニケーションせざるを得ません。

グローバルで働く際は当然のことですが、日本においてもぜひふだんの仕事のなかで応用していくといいでしょう。

コミットメントはプレッシャー以上に成長をもたらす

コミットメントというと数字でガチガチにされて、プレッシャーを感じるものという印象を持っている人がいるかもしれません。それはコミットメントの一面にすぎません。プラスの面に目を向けると、成長をもたらしてくれるものです。だから、企業はコミットメントを掲げるのです。私がコミットメントを意識する理由も、この点にあります。

私がコミットメントを意識するようになったのは、第2章でも紹介したインサイドセールスの組織を立ち上げたときです。組織の立ち上げに向けて、労力と時間を費やしていました。やっと立ち上げのめどが立ったときに、アメリカ人のCEOに「いくらコミットするの？」とコミットメントを求められたのです。

ほかの国では6か月かけて立ち上げた組織を、日本で3か月で立ち上げることをコミットし、前倒しして達成した直後のことです。達成した安心感で気がゆるんだ瞬間でした。そこをCEOは見逃さなかったのでしょう。

そのときはすでに、年度末の締めまであと1か月半という状況でしたが、売上目標を決めてそれをコミットしなければなりませんでした。私としては、今年度は立ち上げれば合格だろうと考えていたので想定外の要求でした。いきなり経営トップからコミットメントを求められて、そのプレッシャーに押しつぶされそうになったのです。「1件の新規案件を確実に受注につなげる」と、その上司に私は宣言しました。当時の私には、まず実現不可能としか思えなかった数字目標でしたが、コミットメントはコミットメントなので達成する必要があります。

上司とコミットメントしたことにより、意識と行動が一気に変わりました。意識が変わると行動が変わるものです。必達目標であるコミットメントを達成するために、様々な可能性を検討し、アプローチ手段を考え、行動に移しました。結果的に自分が掲げたコミットメントは果たせました。

「組織の立ち上げ」という手段を目的にしてしまっていた私が、新しい営業組織を立ち上げて間もなく1件の受注ができたのは、上司へのコミットメントによって、私の意識の質が変化し、行動の量が増えたからです。組織の立ち上げの先にある「売上」こそが私の出すべき結果であると、「やりきる」意識が芽生えたことです。それにより、意識をより高く持って仕事に取り組むことができるようになり、質と量が圧倒的に大きくなったことを体感したのです。

このときに、コミットメントはプレッシャー以上に成長をもたらしてくれるものだと体感できました。同時に、経験と自信と責任感を得ることができました。その翌年度の年始からは同じような緊張感で、コミットメント目標を達成することができたのです。

② スピードのギアの仕組みを理解する

80%
OF THE RESULT DEFINED BEFORE ACTION

海外と日本のスピードを比べたときに驚いたのが「初速」です。

海外では、何か決まったことを実行し、それを軌道に乗せて最初に何らかの結果を出すまでの初速が非常に速いのです。海外ではコミットメントが一般的なので、宣言していることを達成しなくてはならないプレッシャーが強いために、「これは一気にやりきるんだ」という意気込みの違いもあるのかもしれません。

私が彼らと会議で同席することになって驚いたのは、彼らの表情からは悲壮感や切迫感のようなものは感じられなかったことです。むしろ明るく笑顔で大きな声で笑っていたりするのです。

彼らにその理由を聞くと、「プレッシャーはあるけど、それ以上に新しいチャレンジができるなんてワクワクするじゃないか」という言葉が返ってきました。

その前向きな姿勢のためか、彼らの行動は非常にスピーディです。そのスピード感

スピードのギアの仕組み

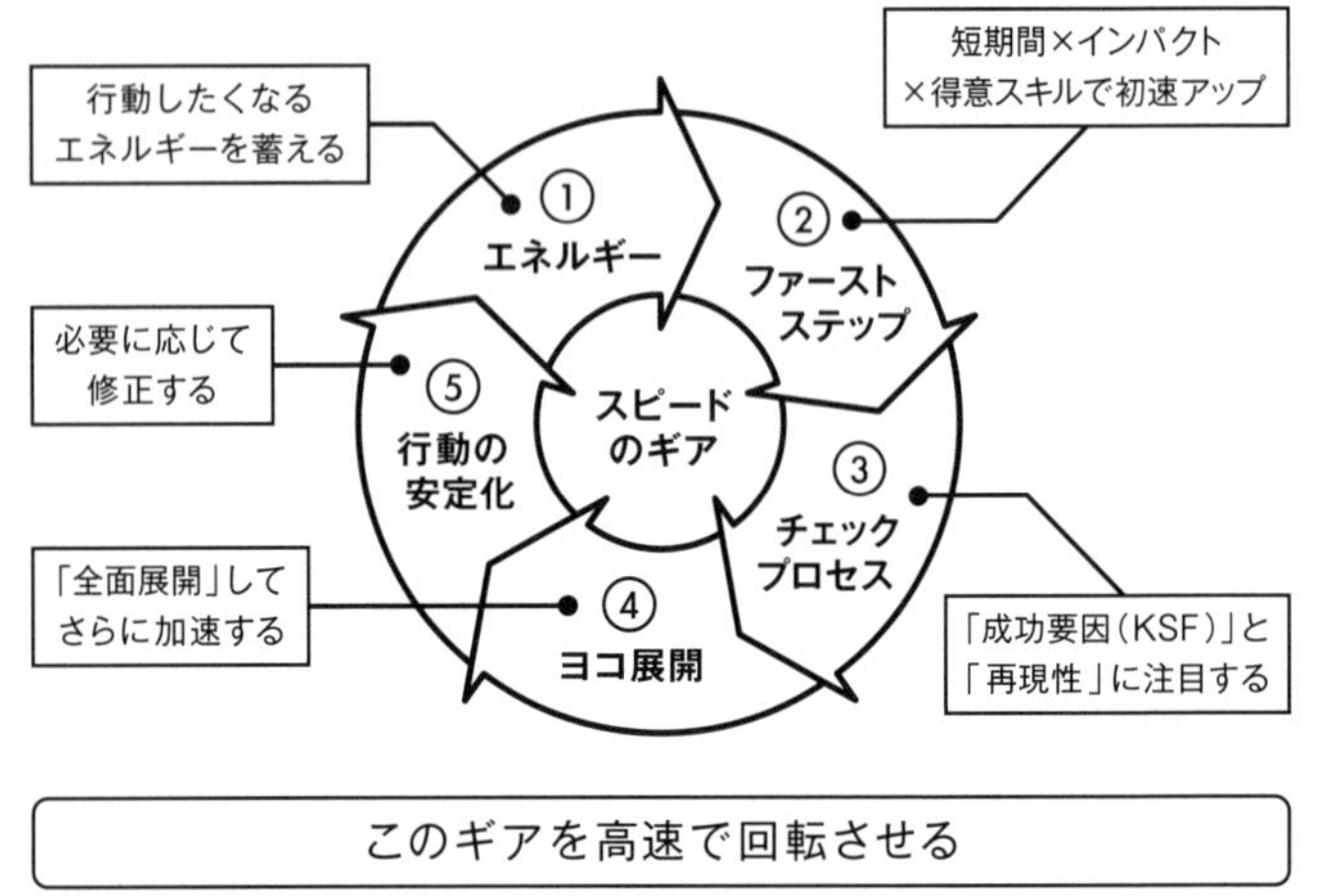

を体験して以来、私も「結果を出すまでの初速」を重視しています。スピーディに結果を追いかけるプロセスは非常に楽しいものです。同時に、他社やほかの人と比べたときに競争優位につながる可能性も高いのです。

結果へと到達するスピードを上げるためには、思考と行動のスピードを上げることが必要不可欠です。事前に「プロトタイプ」をつくって思考を深めておいて、行動のスピードを上げることにフォーカスするのです。

ビジネスにおけるスピードにはサイクルがあり、それぞれに意識するべきポイントがあります。私は、おおよそ以下の流れを理解するとわかりやすいと考えています。

①エネルギー（行動したくなるエネルギーを蓄える）
②ファーストステップ（短時間×インパクト×得意スキルで初速アップ）
③チェックプロセス（「成功要因（KSF）」と「再現性」に注目する）
④ヨコ展開（「全面展開」してさらに加速する）
⑤行動の安定化（必要に応じて修正する）

次項からはどういうことを意識すればいいか、プロセスに従って紹介します。

○新しい環境や仕事に慣れる3つの方法

昇進、異動、転職など、新しい環境や仕事に挑戦するときには「そのうち慣れるだろう」と楽観的に考えるものです。この**「そのうち慣れる」のを待つのではなく「早く慣れる」にはどうすればいいのかを考え、本来の自分の力を発揮できる環境を整えることに注力**します。

早く慣れるためには、つぎの3つのポイントを意識するといいでしょう。

① 接触回数を増やす

人に慣れることは非常に大切なことです。人に慣れるためには会話がキーポイントになります。どんなことでも話をしていると、だんだん親しくなってくるものです。「自分の経験で活かせるものはないか？」「知り合いでヒントを持っている人はいないか？」などを意識しておくことが大切です。

②「繰り返し」に慣れる

新しい環境では、日常的な業務に早く慣れ、スピードと効率を上げられないかを考えます。日常業務は大切ではあるものの、生み出せる価値が少ないものもあります。こうした仕事は１秒でも早められないかを意識しながら業務をこなします。

１秒１秒を大切にすることが１日１日を大切にすることにつながります。私の尊敬するある経営者は「１日を大切にできない人間は、３６５日を大切にできない」と言いますが、まさにそうだと思います。

③ 早く結果を出す

環境に早く慣れるための最良の方法は、早く結果を出すことです。これについては次項でくわしく説明します。

この3つを意識すれば、自分も新しい環境や仕事に慣れてきますし、周囲の人も自分に慣れてくるので、力を発揮しやすくなるでしょう。3つめの「早く結果を出す」ということについては、もう少し説明が必要ですのでくわしく説明します。

初速をつけるには「ファーストステップ」にこだわれ

新しい環境で、初速を上げて早く結果を出すことは、きわめて大切です。

元サッカー選手の中田英寿さんは、1998年にイタリアのサッカープロリーグ・セリエAのデビュー戦で、2得点という大活躍を見せました。中田さんは、このゴールにより、日本人ということで冷ややかに見られていた評価を一転させ、信頼を集めるようになり、彼のキャリアの礎を築きました。

ビジネスの世界においても、サッカーの世界と同様に、**短期で結果を出すことはとても重要**です。

私が海外の会議で、日本で実践している企画やプロジェクトの内容を説明する機会がありましたが、それが結果につながったか否かで、周囲の反応はまったく違います。事前に挨拶したときには明るく話していても、いざプレゼンになると冷ややかな目で見られたこともたくさんありました。結果を出すまでは歯を食いしばり、早く何らかの結果を出して周囲の注目と信頼を得ようと躍起になっていました。ある種の孤独との戦いでした。

結果を出すときに意識したいのが、その結果によってどのくらいのインパクトになるのか、どのくらいの時間がかかるかということです。

そのためには最初に着手する**「ファーストステップ」**でしっかりと結果を出すことが大切です。最初に結果を出すことに成功すれば、ずいぶん楽になります。

この**ファーストステップを考えるにあたっては、ヨコ軸に「時間」、タテ軸に「インパクト」という2つの軸で考える**ようにします（左ページ図参照）。

例えば、営業先の新規開拓を立ち上げる責任者が、協業する取引先を選定する必要に迫られたとしましょう。

新規事業の提携先として、A社とB社を検討しているとします。

A社：**インパクトの大きさ50、意思決定が遅く6か月かかる**

B社：**インパクトの大きさ20、意思決定が早く1か月以内**

ファーストステップを成功させる

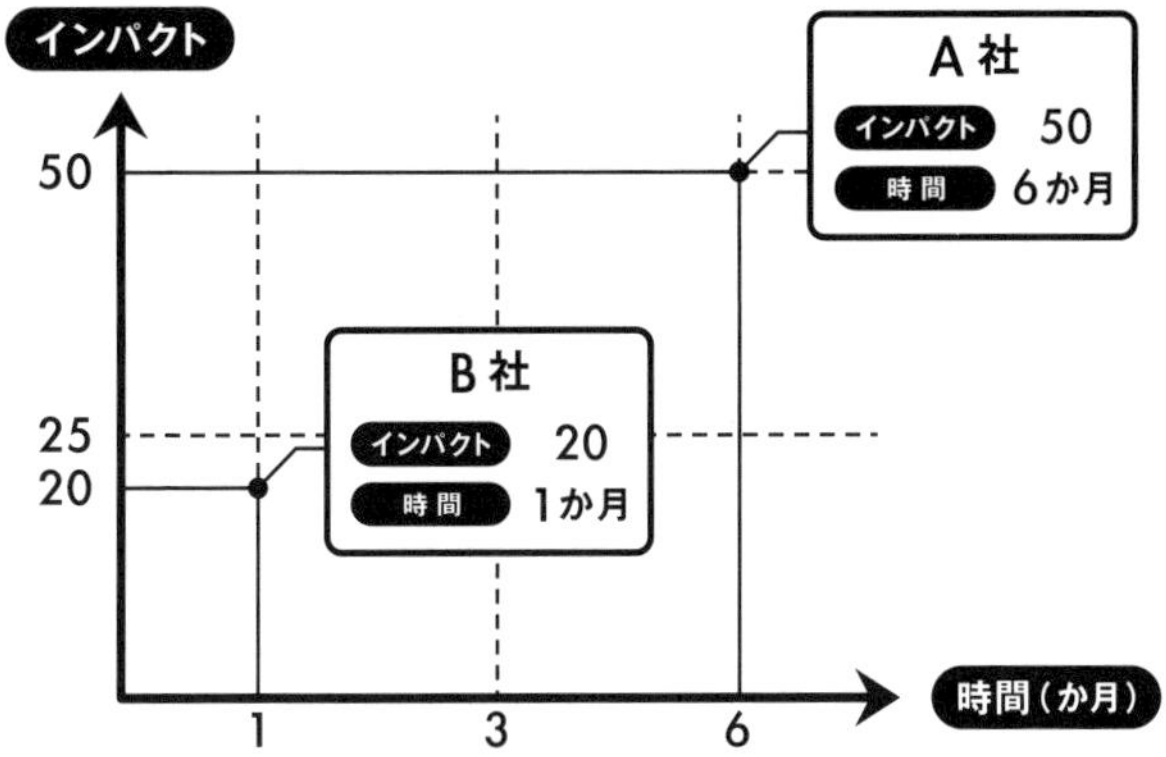

短時間で結果が出せるB社に注力する

私なら「短期間で結果を出す」ことを考えて、B社にアプローチします。B社の担当者と電話でやりとりする回数を増やしたり、打合せを定例化したりして、接触機会を増やして、結果を出すことに注力します。A社にもアプローチしますが、B社の優先順位をより高く設定します。

このように**「時間」と「インパクト」の関係を見ながら、短期間で結果を出せるものから着手する**のです。

このときに意識したいのが、「自分の得意分野やスキルや好きな仕事」です。自分の自信のあるものだと気持ちが乗ってくるので、スピードも早くなってきます。例えば協業する人員が、A社よりB社のほうが少なくても、そのぶんキーマンを特定して深く会話できます。深く会話するほど、B社と仕事をするのが楽しくなるでしょう。仮に多数よりも1対1のプレゼンに自信があったとすると、強みを活かして短期で成果につなげるのです。

新しい環境に置かれた人がどのように行動するかは、いろいろな人が注目しています。そうした人たちにいったん結果として成果物を見せることは、非常に大きな意味があることなのです。

このように結果の見せ方を演出するのが上手な人が海外には多いのです。その得意な分野で成果を上げたインパクトのあるうちに、不得意な分野でも結果が出せるように仕込んでおくのです。

インパクトにこだわる理由は「勝ち体験」をつくるためです。この勝ち体験をつくることができれば場に慣れることはもちろん、周りの見る目が変わってきます。そうすればサポートを得やすくなります。

くわえて、自分のモチベーションに火がつき、次のステップに進んでいくためのエネルギーにもなります。

どれだけ大きな取り組みでも、それが実績につながらなければ周囲の目は厳しくなり、次のステップにつながりません。

チェックポイントは「再現性」に注目する

エネルギーを貯めるプロセスからうまく軌道に乗ってきたとします。ここで大切なのが、なぜ軌道に乗れているのかを振り返っておくことです。**初速をつけ、さらに加速させる最大の秘訣は「チェックプロセス」にある**と言っても過言ではないでしょう。多くの人は、計画を実行できても、それを振り返って改善していこうとしません。

そこで一日に最低一回、5分でもいいので、振り返りの時間を予定に組み込んでおくことです。仕事が走り出して慌ただしくなり、時間に余裕がなくなると、日々の成果を振り返る余裕すらなくなってしまいます。これを避けるためにも、行動する前にチェックポイントを設計しておくのです。

「行動する前」から成功する可能性を高めるために、振り返りの時間を「事前」に予定として組み込んでおくようにします。

多くの人は軌道に乗ってくると雰囲気のよさだけで「何となく」進めてしまいがちです。**結果を出し続けている人は、うまくいっているときほど成功要因を把握し、それを「次の行動でどう再現するか」を思案しているもの**です。

以前参加したあるグローバル会議で、私が日本で実践している企画を他国に共有するためにプレゼンしたときのことです。当時は各国の「ベストプラクティス（最高の実践例）」を共有するセッションがよく主催されていました。そこで各国が注目し質問攻めにあったのが「その方法が再現可能（repeatable）かどうか」ということでした。

たしかに他国の実践例を吸収しようと私自身もその会議にのぞんでいたのですが、再現性がないものはなかなか発展的な展開につながらないものです。それは個人レベルの活動においても同じで、過去の行動から成功法則に近いものを再現できたらそれは自身の「ベストプラクティス」になり、他者への展開も容易です。その秘訣がチェックなのです。

チェックは、TODOリストで「期限どおりに、できたか、できないか？」を振り返って終わりではありません。それが**「将来において再現できる行動になるのかどうか」を考えてこそ次の行動につながる**のです。

チェックポイントは前述した「STAR」の視点から、「何ができたか／できなかったか」「うまくいったこと／もっとうまくやれること」をそれぞれ振り返るようにします。

例えば顧客への提案において、提案が大きく前進したポイントがあったとします。

提案がうまくいったらそのポイントをメモに残しておきます。そして、その次に訪問した顧客にも、そのポイントを実践してみるのです。これを繰り返してみて同じように提案がうまくいったとすると、再現性が高いポイントだということになります。

このメモしたポイントを、ノートに二重線などで囲んでいつでも参照できるようにしておきます。例えば「提案は主語をＩではなくＹＯＵにする」など、このときには1行でもいいから書いておくのです。

こういったポイントがある程度蓄積できたら自分だけのオリジナル仕事ノウハウ（虎の巻）もできるのです（再現性を生み出す振り返り術については拙著『29歳からの人生戦略ノート』に書いています）。

チェックポイントにおいて、期限内に実行に移せなかったものがあれば、「いつやるか」を改めて設定します。

このように、**チェックポイントは再現できるかどうかを検証することが重要**です。

自分一人では振り返りをうまくできないときには、上司や同僚などからフィードバックをもらえばいいでしょう。特にうまくいかなかったことなどは、どうするべきだったかを聞いておくといいでしょう。

○ＫＳＦ（成功要因）はヨコ展開して加速する

「ファーストステップ」で一点突破に成功したら、成功要因を探り、ほかにも応用することを意識します。この成功要因をＫＳＦ（Key Success Factor）と言います。

ファーストステップが「一点突破」にあたります。その**ＫＳＦをヨコ展開して「全面展開」できないかを考える**のです。

例えば食品メーカーの営業マンの田中さんが、ある地域のスーパーマーケットで新商品の「つまみ菓子」の拡販企画を考えて提案したところ、目標を大きく上回る売れ行きを示しました。この時点で一点突破に成功したとしましょう。

そのスーパーマーケットの担当者に聞くと「会社帰りの40代のサラリーマンがビールと一緒に買っている」という情報が得られたとします。この情報をもとに、そのスーパーマーケットチェーンの他店舗に働きかけられるかもしれません。似たような顧客層が利用するスーパーマーケットに成功例をもとに提案すれば、その店舗でも売れるかもしれません。そのスーパーの担当者が検討するときに、一点突破の実績があれば安心して発注することができます。

ここまでは自分一人でやる「ヨコ展開」です。ここで、**ほかの人も巻き込むとさら**

成功要因を特定して全面展開する

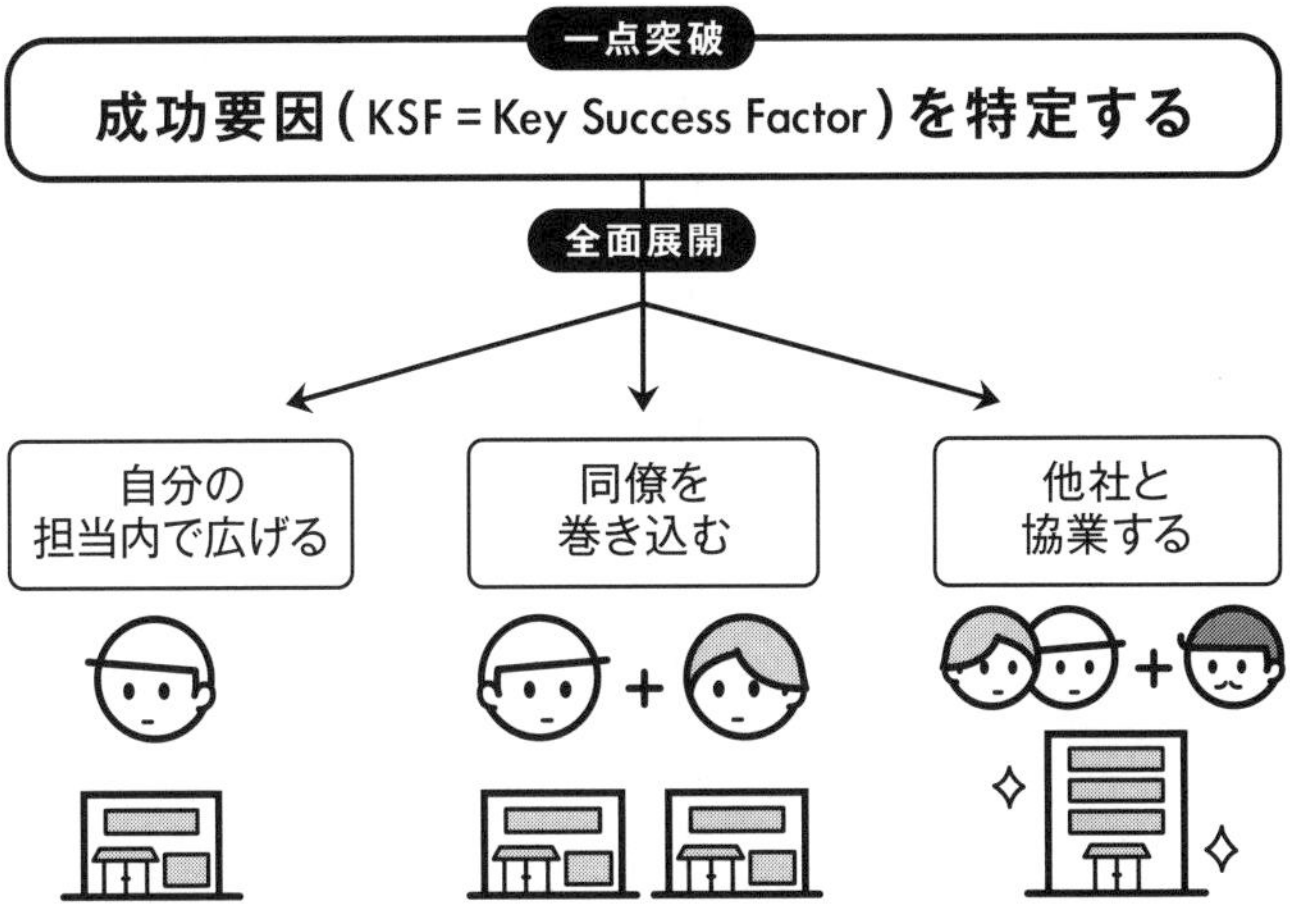

に加速させられます。

この情報を営業部で共有すれば、田中さん以外の担当者とともに成功事例をさらに増やせるでしょう。

さらにはビールメーカーと協業し、両社の営業マンが販売促進してくれれば、相乗効果をもたらしてくれるかもしれません。

このように、あるA社でうまくいった案件があれば、その成功要因を抽出し、他社で活かせないかを考えるのです。

成功事例が最初は1つの「点」であったとしても、自分の仕事の範囲のなかや、同じ部署、さらには社外で共有すれば、やがて「面」となっていきます。このときのポイントは先ほど紹介した、チェックプロセスで「再現性」を抽出しておくことです。

これをデータベース化しておけば、組織全体のパフォーマンスを高められます。そうすれば会社の売上アップにも貢献することができます。

周囲に協力者がいれば、ヨコ展開を第三者に任せられます。**自分一人ではなく、周囲を巻き込みながらたくさんの成果を生み出していく**のです。小さな成果も複数の人で生み出せば、自分の能力以上の大きな成果につながります。

まずは成功させるものを決めて、その成功要因をヨコ展開する方法までイメージすれば、結果をどんどん大きくするスピードを加速できるのです。

行動を安定化させるモチベーション管理法

私がこれまで接してきた一流の経営者はほぼ例外なく、エネルギーにあふれています。それは信念や情熱にもとづいて行動しているからでしょう。これが行動を安定化させることになり結果へとつながるのです。

しかし常にモチベーションを高く保ち、元気でいられる人はいません。私もこの数年間、責任が重くなるにつれて結果へのプレッシャーも大きくなったり、多くの人とかかわるようになってストレスがたまったりして、精神的にまいった時期が何度もあります。自律神経が不安定になり、頭痛やめまいなど体にその症状が出たほどです。

そこで参考になったのが、海外のモチベーション管理術です。欧米の会社にはカウンセラーがいます。一流のスポーツ選手には必ずコーチがいます。経営者にはコンサルタントがいます。常に**第三者を通じて自己管理**をしているのです。

そこで私は、カウンセラー、コーチ、コンサルタントを確保したのです。と言っても金銭的な余裕がなかった私は、尊敬する人にその役割を求めることにしました。

あなたの身の回りの尊敬できる人を想像してください。その尊敬する人とは、いつでも相談に乗ってもらえる関係を築けているでしょうか。

私がふだんから心がけていることは、**自分のカウンセラーやコーチになりうる人にいつでも相談に乗ってもらえる関係をつくる努力をする**ことです。

それはまず自分自身がその人と会うのにふさわしい成長をしているか、その人に何らかのベネフィットが出せるように努力しているか、あるいはその人が困ったときに最優先でその人を応援できる努力をしているか、というふだんの心がけと行動です。

ただ「悩んでいるから会ってください」では自分にとって、信頼できるコーチはわざわざあなたに時間を割いてくれないでしょう。

ふだんの自分のこうした意識は成長を促進させ、「結果的」にそうした尊敬する人との関係を構築し、そして悩んだときのモチベーションの管理になるのです。

モチベーションの波の高低差を小さくする

スピート感を維持して行動を安定化させるためには、モチベーションの波の高低差を小さくすることも大切です。私の場合、趣味のカラオケや読書のほか、自分の心理状態に合わせて相談できる人といつでも会える状況を意識的につくっています。

ここでは国外に目を向けて例えると、以下のようなことを私は実践しています。海外では日本人とは違った独特な性格や気質（一般論ですが陽気なスペイン人や真面目なドイツ人など）や思考が、自分のモチベーション管理に非常に役立つからです。

① 尊敬している人

私が尊敬しているアメリカ人の上司とは、週に1回、ランチするようにしてもらっています。そのために私は毎週そのアメリカ人上司に貢献できる新しいアイデアや情報、計画を必ず話せるように習慣づけています。彼は私よりも経験豊富で、先を見据えてアドバイスしてくれるので、今後どのようなことを意識したらいいかを話してくれます。「次の行動」に有効なフィードバックやアドバイスをもらえるので必要に応じて修正できます。ランチであれば夜の会食ほど時間もとりません。

② 前向きな人と慎重な人

気分が落ち込んだときには、以前一緒に働いたイタリア人に電話するようにしています。イタリア人の気質なのか、彼は非常に前向きです。「君のチャレンジはグレートだ！」などと私のやっていることの意味の大きさなどを明るく話してくれます。彼と話していると、モチベーションに刺激を与えてくれます。

物事がうまく進んで自分が少し浮き足立っているように感じるときには、クールな視点を持っているドイツ人に電話します。冷静なコメントは、ブラッシュアップのポイントを示してくれるものです。

③ ハングリー精神の旺盛な人

いまいち気分が乗らないときには、インド人に電話します。彼は非常にハングリーで、その強烈な熱意は私の知るビジネスパーソンのなかでもダントツです。彼と話すと「こんなところで満足していられない」と思わされます。

このように心理状態に応じて話せる人がいるとモチベーションを高く保てます。自分よりも優れていると思える人にアクセスできる環境を整えておきましょう。

あえて外国人の例を出しましたが、他業界で働く学生時代からの友人や、海外で活躍している先輩や同期など気のおけない仲間もおすすめです。いろいろな業界や職種、国籍の人と関係を築いておくと刺激を得られます。このような人とのやりとりがエネルギーとなっていくのです。

強いストレスはノートで「書き消す」

モチベーション同様にうまくコントロールしたいのがストレスです。

期末の売上の達成状況が厳しいときや、重要な案件が思うように進捗しないときなど、ストレスを感じる場面はよくあるものです。このストレスとの向き合い方も非常に重要なスキルです。

ストレスを抱えているときには、いろいろなことを考えすぎている場合があります。このときには、メンタルに問題があると考えるのではなく、スキルを改善する方向へと視点を転換するようにすれば合理的に解決することができます。

ストレスを抱えているときには冷静さを失っているケースが少なくありません。この対策として、私は「ストレスノート」をつけています。**ストレスノートは毎日書く必要はなく、強いストレスを感じたときに書くようにします。**ストレスノートは、原因を見つけるだけでなく、対処するためのツールでもあるのです。

例えば、目標達成が危うくなってきたとします。そこでノートに「目標達成と直接関係ない仕事をしている」と書きます。そして、その理由を考えます。「見通しが立てられていないから?」「予定通りにいかないから?」「進め方がわからないから?」などと、ストレスの原因を思いつくままに書いていきます。

こうして考えていくと、「どうすれば見通しが立てられるか?」「どうすれば予定通りに進められるか?」「進め方を誰に相談すればいいか?」などと考えられるようになり、具体的な手段へと落とし込むことができます。

こうすると解決する手段を見つけたのも同然です。このように強いストレスを感じたときには、ノートを使って自分を客観的に見つめ、何に悩んでいるかを書き出し、解決するための行動にまで落とし込んでいきましょう。

3

スピード感を維持する心の整え方

80%
OF THE RESULT
DEFINED BEFORE
ACTION

「見せかけの達成感」にだまされるな

スピードを鈍らせないために仕事での成果と疲労感を別物だと考えるようにしています。

わかりやすい一例がトラブル対応です。トラブルが起こったときには、緊張感と集中力が高まるので、無事に切り抜けたときには妙に気持ちが高ぶり、達成感を覚えてしまうものです。冷静に考えると失速していることもあります。

ここで「気持ちの高ぶり」と「仕事での成果」を切り分けて考えてほしいのです。

例えばトラブルが「発生する前」に手を打てなかったことに、そもそもの原因がある場合も少なくありません。問題が発生する前に手を打てていれば、本来そのトラブル対応は必要のないものかもしれないのです。

トラブル対応は、よほどすばらしい対応やケアができるという一部の例外をのぞいては、マイナスの出来事をゼロに戻すのが精一杯です。

トラブルは自分に必要な何かを教えてくれる大切な機会です。ただ、そのトラブルを経験する以上に、成功した経験が教えてくれるもののほうが大きいという可能性も同時に考えておくべきなのです。

「人生に無駄なものはない」などと悟ったように言う前に、本当に避けられないトラブルだったかどうか、「見せかけの達成感」でないかどうかを冷静に判断して次に活かすようにしましょう。

何かに対して達成感を覚えたときには、何に対しての感情なのかを冷静に分析するようにしましょう。そのうえで、成功要因と失敗要因を分析して、次の行動につなげていくようにします。

○上手に気分転換する3つのコツ

「そんなに効率を追いかけてしんどくないのですか?」といった質問を受けることが

あります。仕事ばかりでしんどくなることも、もちろんあります。上手に気分を切り替える方法を熟知しておくことも、ビジネスパーソンとして必要なスキルです。

① 19時以降に楽しい予定を入れて締切り効果を利用する

友人との飲み会など19時以降に予定があるときに、仕事がはかどった経験はありませんか？　私はこれを意識的に予定に組み込んでいます。

具体的には、毎週木曜日は妻とのデートに当てています。仕事同様に家族も大切なので、妻との時間も大切にしています。だいたい19時にどこかで待ち合わせするように約束して、この時間に間に合うようにする、と期限（デッドライン）を引くのです。

恋人や家族との約束でも、友人との約束でもいいでしょう。この方法はすぐに効果が出るのでぜひ試してみてください。

② 平日にも趣味の時間を確保する

趣味のために時間を使うのも効果的です。私は月に2回ボイストレーニングに通うぐらいにカラオケが大好きです。カラオケに行って熱唱すれば、声を出すとともにストレスが発散されていくのがわかります。カラオケは自分の心情に合わせて選曲することもできるので、効果も高いのではないかと考えています。
本、映画、楽器、自分が好きな趣味の時間を確保するのもいいでしょう。

③ 長期休暇は旅行に出かける

私は大きなプロジェクトなど一定のめどがついたら、長期休暇をとって海外旅行に出かけます。特に好きなのが南の島です。東京と南の島では時間の流れ方が違うように感じるから不思議です。海でのアクティビティなどに参加して自然にふれあっていると、心身ともにリラックスできます。これが帰国後に、仕事でフルパワーを発揮するための充電になります。

ここでは気分転換するコツとして3つを紹介しましたが、大切なのはメリハリです。仕事とプライベートの振れ幅が大きければ大きいほど両方楽しめるように感じます。趣味やプライベートのために時間を使えるのも、仕事の進め方を効率化することで時間をつくったからです。
ぜひ一度試してみてください。

「どん底に落ちたくない」ハングリー精神を持つ

数年前にシンガポールでマネジメントの研修がありました。アジア各国の幹部候補生（会社全体6万人のうちの2%から、さらに選出された数十名）が集まって、1週間の研修を受けたのです。

彼らと飲みに行ったときの話がいまでも強く印象に残っています。インド人や中国人をはじめ、ほかのアジア諸国から来た人が「いまでも昔の貧乏だった生活が夢に出てくる」と話していたのです。彼らは子どものころから家族全員の家計を維持することで精一杯だったそうです。何とか学校に通い、いくつもの困難な壁を乗り越えていまに至っていると言うのです。

彼らの目標に対する執着心は、並大抵のものではありません。思い出したくもないような過去に戻らないために、自らの不安要素を徹底的に排除しています。

過酷な環境にいたからこそ、自分たちが何に集中すべきかを知っています。そこを目指してわき目も振らず突破していきます。

そうやって磨き上げた能力を存分に発揮しているからこそ、彼らは幹部候補生として将来が保証されているのです。しかし、彼ら自身はいつ失敗して昔のどん底の生活に戻ってもおかしくない、といまでも思っているのです。

一方、私も大学の学費を奨学金でまかない、バイトを5件以上掛け持ちしなければならないくらい貧乏な生活をしていました。それなりに苦労したつもりでしたが、彼らほどではなかったことにも衝撃を覚えました。そんなハングリーな人たちと同じ仕事環境（あるいは競争相手）にいること自体が、脅威に思えました。

彼らは子どものころからの非常に過酷な競争を勝ち抜いた実績の持ち主です。その背景には「ちょっとやそっとのことでへこたれないハングリーさ」があるのです。そのとき味わった衝撃は、ノートに記録し、忘れないようにしました。

さらに、私は彼らからコミットメントした目標に対する情熱を学びました。日本では、彼らほどのハングリーさは必要ないかもしれません。しかし、彼らに負けないくらいの目標への「執着心」を高めていくことは、私たちに大きな強みをもたらすでしょう。

・コミットメントは目標を宣言し、必ず達成すること
・目標を宣言すれば、意識と行動が変わる
・新しい挑戦のときには結果までの初速にこだわる
・うまくいった事例はＫＳＦ（成功要因）を特定して一気に広げる
・モチベーションの高低差をコントロールせよ

POINT
CHAPTER 4

インパクトで相手を“その気”にさせる「プレゼンテーション」

講演会、製品発表やコンペティションだけではなく、商談でも会議でもエレベーターでも、人に何かを提案するものはすべてプレゼンだと言えます。本章では、相手に強く印象を残して“その気”にさせて、協力者やフィードバックを得て、巻き込んでいくノウハウを紹介します。これにより、コミットしたことに対してスピーディに物事を進められるようになります。

80%
OF THE RESULT
DEFINED BEFORE
ACTION

1

プレゼンの成否は「意味づけ」で決まる

80%
OF THE RESULT
DEFINED BEFORE
ACTION

プレゼンのレベルは「事実・機能・意味づけ」の3段階

Yさんが、ビジネスの出張時に使うキャリーバッグを求めてビジネス街にあるショッピングモールのかばん屋に出かけました。いざ商品を見たものの、いったいどれがいいのか見当がつきません。デザインと大きさや好みなどで2つにまで候補を絞ったのですが、どちらにすればいいか悩み、店員にアドバイスを求めました。

すると「はい、ブランドが違います」という店員からの返事。Yさんは「ブランドが違う。いや、そういうことではなくて…」と苦笑いしたそうです。ブランドの違いは見ればわかるものですから、彼が店員に期待した説明はそういうことではないのは自明です。

このとき、この店員に商品をプレゼンする機会が訪れたと考えると、プレゼンに成功したとは言えません。では、どのように説明すればよかったのでしょうか？

プレゼンのレベルは、「事実、機能、意味づけ」の3段階があります。

① 事実──「自分も相手も見ればわかるような説明」

「これは黒のキャリーバッグです」という説明は、見ればわかるような単純な説明です。「ブランドが違う」というのも見ればわかることなので、事実を話しただけです。

② 機能──「自分から相手への機能的な説明」

これはもう少し進んで、機能などの情報を自分の視点から説明したものです。

「キャリーバッグにはローラーがついているので、多少重いものでもボストンバッグに比べると持ち運びが楽です」「このブランドはドイツの老舗で、デザイン性と頑丈性が高いのが特長です」「ローラーが4つついており、ローラーは頑丈でよほどのことをしないかぎり壊れません」などです。

③ 意味づけ――「相手にとっての意味づけ、理由づけ」

意味づけをするには、Yさんが、どんな目的で、スーツケースを買いに来たのかを知る必要があります。

「出張でお使いなんですね。スーツでお出かけになりますか？　こちらのキャリーバッグはスーツにも合いますよ」「ローラーが壊れてお買い替えですか。それはそれは…。こちらドイツの老舗ブランドの商品でして、軽くて頑丈なのが売りです。ローラーが4つついているので機動性に優れています。出張の多いお客様におすすめできます」と、②の説明に相手の視点を入れるだけで、がらっと印象が変わります。

このキャリーバッグの例を読んで笑う人がいるかもしれませんが、仕事においては、単純な説明や、機能面だけの説明で終わってしまって、相手の立場に立った視点が抜け落ちているケースが少なくありません。**自分の立てた目標を人に説明して魅了し、関係者として支援や協力を得るには、相手にとっての意味づけを考えたプレゼンをすることが大切**です。

どれだけ「相手」にとっての意味づけができているかによって、関心や興味が変わります。

⇨ プレゼンは「事実、機能、意味づけ」の3段階

事実　自分も相手も見ればわかるような説明

ブランドが
違います
見れば
わかるよ…

機能　自分から相手への機能的な説明

ローラーが
4つついている
ので頑丈です
ふ～ん
なるほど

意味づけ　相手にとっての意味づけ・理由づけ

出張の多い
お客様にはこちら
がおすすめです
たしかに！
これください

相手に「意味づけ・理由づけ」するのがいいプレゼン

「対話型」の欧米、「資料型」の日本

日本と欧米のプレゼンはいったい何が違うのでしょうか？　私は欧米が「対話型」であるのに対して、日本は「資料型」だととらえています。

まず、資料を1つとっても大きく違います。

日本の資料は、細かくて具体的です。それに対して欧米の資料は抽象的なものが多い印象があります。欧米が抽象的な資料が多いのは、資料に頼らなくても口頭でカバーできるからです。ある同僚に聞いたところ「細かい部分は口頭で説明するからいいんだよ」と笑っていました。

資料の見せ方も違います。日本の資料は文字情報が多い。それに対して欧米は、文字や図だけでなく、写真や映像を盛り込むのが上手です。

話し方にも違いがあります。欧米は主語が明確で主張もハッキリしています。日本のプレゼンは主語が曖昧で主張がぼやけるケースも少なくありません。

「メラビアンの法則」（164ページで説明）によれば、コミュニケーションのうち視覚と聴覚による情報が9割を占めます。「対話型」のスキルを盗めば、プレゼンの力は飛躍的に伸びます。

「資料型」の日本、「対話型」の欧米

日本：資料型

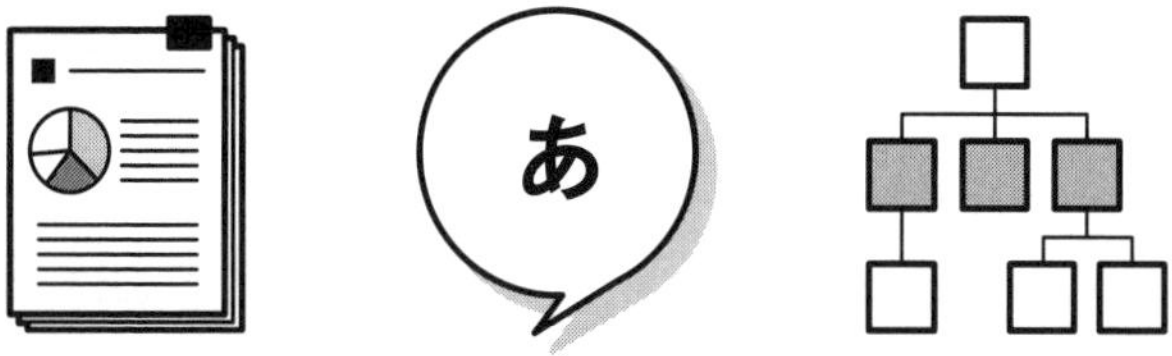

資料
- □ 細かく具体的
- □ 説明がわかりやすい
- □ 文字情報中心

言葉
- □ 抑揚がなく
メリハリがない
- □ ユーモアが苦手

論理構成
- □ 主語が不明で曖昧
- □ 過程重視の構成

欧米：対話型

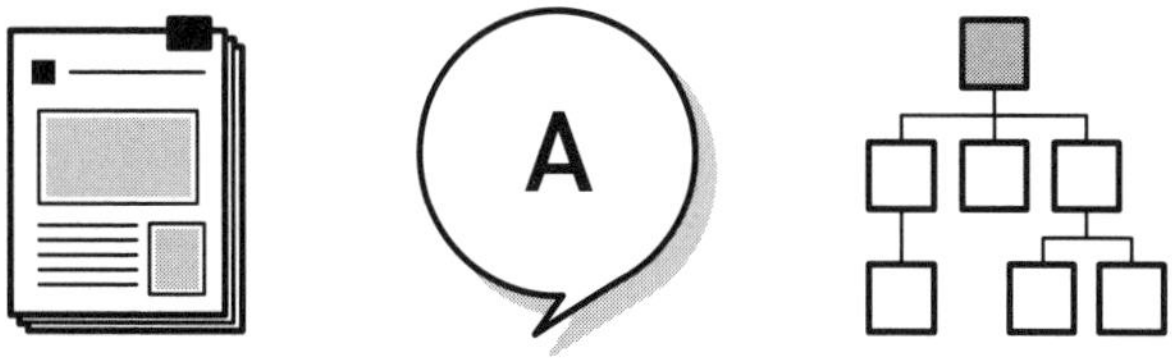

資料
- □ 大まかで抽象的
- □ 写真や映像で
ビジュアル重視

言葉
- □ 抑揚があり
ポイントが明確
- □ ユーモアが上手

論理構成
- □ 論理的
- □ 結論重視の構成

それぞれの長所を掛け算すれば、プレゼン力は飛躍的に伸びる

2

プレゼンの結果は「第一印象」で決まる

80%
OF THE RESULT
DEFINED BEFORE
ACTION

最初のつかみは「アハ」で始める

プレゼンで重要な最初のつかみの部分は「アハ（Ａｈａ）」をイメージします。「なるほどね、そうか」という意味の言葉です。

プレゼンの冒頭に聞き手にはっと思わせる想定外のものを用意して、最初にグッと聞き手の心をつかみます。代表的な方法としては、数字や写真を使ったクイズなどがあります。冒頭でつかめば相手の注目を一気に集められるわけです。

日本では、プレゼンの導入は自己紹介に代表されるお決まりのパターンになっていますが、聞き手にとって「またか」と思うような内容ばかりで新鮮味がありません。これではプレゼンの内容がいくらよくても、きちんと聞いてもらえない可能性もあります。

この点、欧米では**プレゼンの導入部分のひらめきを重視**しています。そのキーワードが**「アハ」**なのです。

以前、アメリカ人上司のプレゼン資料を作成していたときのことです。その上司から「何か出席者にアハと言わせるスライドを頭に用意したいんだが」と言われたことがあります。上司から指示された「アハ」という言葉が妙にわかりやすく、それ以来、その上司のプレゼン資料は「アハで始める」が合い言葉になりました。

冒頭に「アハ」をつくるときに、よく使われるのが写真や数字です。

プレゼンで一番強調したい内容を連想させるイメージ写真を持ってくることがあります。イメージ写真がおもしろい写真であれば、ジョークを交えて聞き手を楽しませることができます。プレゼンの中盤で一番伝えたいメッセージを、ビジュアルで参加者の頭に刷り込むこともできます。

このように、**最初から「アハ」と言わせる資料や言葉を用意しておく**のです。ひらめきを与える情報を最初に入れれば、聞き手の頭は活性化し「聞く」姿勢に変わるのです。シンプルな考え方ですが、いざ頭の中で「どうやってアハと言わせようか」と考え始めると楽しくなります。

例えば、第2章で紹介した新営業組織「インサイドセールス」を立ち上げるプランを経営陣にプレゼンしたときには、「3」とだけ書いたスライドを用意しました。「この3という数字は何かわかりますか?」と冒頭に質問を投げかけ、「これは当社の営業マンの一日当たりの平均営業訪問件数です。これを年間に換算すると、3件×営業人数×年間営業日数の式で算出して、おおよそ10万件となります」と思わせます。「この件数をいまの10分の1の営業人数でカバーする新しい営業モデルがあります。今日はその新しい営業組織についてお話しします」といった要領です(数字は便宜上のものです)。

これが「今日はインサイドセールスの紹介をします」のようなありがちな導入では相手の興味を引きつけられません。

「プレゼンはアハで始める」で覚えておくと、感覚的にもやるべきことが見えてくるはずです。導入部分はアハを意識してみると聞き手をうまく引き込めるでしょう。

○「ペインポイント」で聞き手の共感を誘う

他人の話を聞いているときに最も興味をそそられる瞬間の1つに、自分が直面している悩みや課題の解決策が示された瞬間があります。例えば、「まさにそのことに悩んでいるよ」「自分もあなたと同じことに悩んだよ」「そんな苦労があったのか？」のように**自分の経験にもとづく課題は聞き手の共感を生む**のです。文字や図よりも、気持ちを込めて言葉で話したほうが、相手の共感を誘えるものです。

英語では「ペインポイント（痛点、Pain Point）」と言います。「プレゼンでは相手のペインポイントを押さえなさい」とよく上司に言われました。

ペインポイントを整理する際はプレゼンのテーマにもとづいて、多くの人が悩んでいることや今後の課題を考えていきます。そしてポイントを3つに整理してみるといいでしょう。

例えば先ほどの新営業組織の例では以下のようなペインポイントが考えられます。

① 売上を増やしたくても営業人員を増やすのは困難
② 短期間で営業を育てて戦力化するのは困難
③ 営業の訪問件数活動量を一気に倍増させるのは不可能に近い

こうしたペインポイントに対する「解決策がある」と言えば、聞き手に興味を持ってもらいやすくなります。

例えば、「②短期間で営業を育てて戦力化するのは困難」という点に対しては、「コールセンターの拠点から電話をしたりするので、直接訪問する営業マン同士よりもオフィス内で成功例と失敗例を共有することも簡単です。これをデータベースとして蓄積すれば、人員のスキルアップはもちろん、新しい人が入ってきたときにも育成しやすく、早期に戦力として活躍してもらえます」と解決策やメリットを示すのです。最初のつかみに絡めて、それと対比しながら相手のペインポイントを伝えることができればプレゼンに奥行きが出てくるのです。

プレゼンで相手の関心を引き込むために「ペインポイントがないか？」をふだんから意識してみましょう。これはプレゼンにかぎらず、取引先への訪問や、部下からの相談など幅広いシーンに応用できます。

聞き手の安心を引き出す「3つの教訓」

何かを計画する際に重要なことは、過去に経験した事例から得た「教訓」を次の行動に活かすことです。新しい計画や新しいアイデアを発表する際に、これまでの教訓をしっかり活かしているかは、聞き手からすると気になるところです。

ここで出てくるキーワードが「教訓（Lessons Learned）」です。これは海外のプレゼンでよく出てくる言葉で、プレゼンで何か計画を発表する際、「Lessons Learned」とそのままタイトルをふったスライドが出てくることもよくあります。

教訓の意味合いには、ポジティブなものとネガティブなものがふくまれます。大きく次の3つにわけられます。

① 過去にうまくいったこと（WHAT'S Working Well）

過去に成功したことは、どんなに小さなことでも次の成功につながります。そのなかでも「再現性」のある成功体験を整理してみます。

例えば、「スペインのインサイドセールスではコール結果をデータベースに蓄積し、分散しがちな営業ノウハウを集約し、コール技術を飛躍的に高めています」などと言います。

② 過去にうまくいかなかったこと（WHAT'S Not Working Well）

過去の反省のなかで次の行動に活かせるものを整理してみます。

例えば「コールを増やそうとするぶん、メンバーのモチベーションが低下しがちでした。それはメンバーとの会話の機会を増やすことを怠っていたからです」などと言います。

③ 次に活かす行動計画（CHALLANGE）

うまくいったなかで継続して伸ばすもの、うまくいかなかったことのなかで次の行動で改善すべきことをそれぞれ優先づけします。

例えば「営業ノウハウを蓄積することに成功したが、それをさらに確実にするのは人をいかに動機づけるかです」などと話します。行動計画を話すときには、「キックオフの際には、経営陣から直接メンバーに声をかけて動機づけをしてほしい」ということを頼みました。これを海外ではエグゼクティブスポンサーシップと呼びます。

こうして教訓を3つのポイントで整理すると、情報がネガティブにもポジティブにも偏らず、効果的に次にやるべきことを伝えられます。

海外でよく使われているこのフレームワークを、ぜひ活用してみてください。

3 あなたのプレゼンは「ＷＯＷ」が足りない？

80%
OF THE RESULT
DEFINED BEFORE
ACTION

映画で一番盛り上がる場面は、自分が想像しなかった展開、あるいは期待以上に感動するシーンなどです。そうしたシーンでは、食い入って見てしまいます。しかしそんな盛り上がりのシーンが想像通りの展開で盛り上がりに欠け、期待を裏切られることもあります。これはプレゼンでも同じです。

プレゼンを聞く側の視点に立つと、何かを期待して相手の話を聞いているわけです。**聞き手の期待値をとらえ、演出によっていい意味で裏切る**ことが大切です。

上司に私の資料に目を通してもらったとき「ＷＯＷ（ワオ）」が足りないと言われたことがあります。

ワオは英語での動作を想像していただくとおり「驚き」の表現。つまり私のそのプレゼンには聞き手に印象づけるインパクトがないと指摘されたのです。

ワオは、聞き手にとって初めて聞く何か新しいものであり、過去や他者と比べた大きな違いです。つまり差別化要素であり、比較要素です。聞いたことがあることにワオはありません。

それをプレゼンのなかで一番伝えたいメッセージ、つまり一番盛り上げたいシーンで演出します。先ほどの「アハ」と連携させると、最初のつかみで相手を「アハ」と言わせ、一番盛り上げたいところで相手に「ワオ」と言わせるのです。

例えば、先ほどの例を活用すると以下のようになります。

① つかみ（アハ）

「この〝3〟という数字は何かわかりますか？

これは当社の営業マンの一日当たりの平均営業訪問件数です。これを年間に換算し、3件×営業人数×年間営業日数の式で算出して、おおよそ10万件となります。この件数をいまの10分の1の営業人数でカバーする新しい営業モデルがあります。今日はその新しい営業組織についてお話しします」

② 共感（ペインポイント）

「当社においても売上目標を達成し、継続して成長させることが必達の課題です（3つのポイントを例示）」。「売上を増やしたくても営業人員を増やすのは困難」「短期間で営業を育てて戦力化するのは困難」「営業の訪問件数を一気に倍増させるのは不可能に近い」

③ 盛り上げ（ワオ）

「いまの10分の1の営業人員で最大年間訪問件数をカバーするために、直接訪問以外の方法で営業活動をする成功例が海外にありました。しかも当社がカバーできる企業数を、いまよりも倍増できます。さらに地域に依存せずに、北は北海道から南は沖縄までカバーできます。その秘訣は、電話やインターネットを徹底的に活用した新しい営業手法の確立にありました。ソフトウェアもいまやインターネットで売れる時代なのです」

ここでは実際に「営業人員をいまの10分の1で最大年間訪問件数をカバーできる」「電話・インターネットでソフトウェアは販売できる」ということがワオの要素です。

経験上、アイデアや計画が斬新なのはもちろん、その根拠がよく考え込まれ、さらには実行までしっかりイメージできていると、聞き手の関心は驚きや感動のレベルまで引き上げられるはずです。

ここでさらに「ワオ」を盛り込み、「スペインでは、外部のコンサルタントを入れて6か月で組織を立ち上げましたが、これを3か月で達成することをコミットメントします」と私は宣言しました。内心は不安で仕方ありませんでしたが、経営陣を不安にさせては、ゴーサインをもらえません。

プレゼンに必ず1スライド、あるいは1メッセージでも「ワオ」を入れるようにしましょう。プレゼンにおいては、聞き手の脳裏に強烈な印象を残すことが重要なのです。

みなさんもプレゼン資料を作成したあとには、ワオがあるかどうかをチェックすることを習慣にしてみましょう。

「スリーポイント」は世界標準の整理術

簡潔にプレゼンを行なうコツは、物事を3つに整理する癖をつけることです。

先ほどのペインポイントやワオのように、**プレゼン中に強調して伝えたい箇所ほどあれもこれもと話さずに、「スリーポイント」に絞ったほうが簡潔に伝わります。**重要なメッセージほど相手の記憶に鮮明に残す必要があるからです。そのためには簡潔さが不可欠なのです。「ポイントは3つあります」と言えば、聞き手は、ポイントがこれから3つ出てくることがわかるので「1つめは」、「2つめは」と話を進めていく際に注意深く聞いてくれます。つまり数による相手への刷り込みです。受け手にとっても心の準備ができます。

海外で欧米の人たちの発表を聞いていると、あたかも何も考えずに「ポイントは3つあります」と言ってしまうシーンを目にします。極端な話、その3つのポイントはジョークか何かで後づけすればいいと考えるほどです。

何かを発言する際は、真っ先に「ポイントは3つある」と言う訓練をしてみてください。このような訓練をしていくと自然と物事を3つに整理する力がついてきます。

私も最初は格好をつけて「ポイントは3つ」と言ったものの、その3つめが出てこなくて恥ずかしい思いをしたことがあります。しかし、聞き手からするとそんなことは大きな問題ではないのです。物事を簡潔に相手にわかりやすく伝えたい、という意志が重要なのです。

スリーポイントにまとめる習慣を持っておけば、自然と思考や発言がロジカルになっていきます。物事を「もれなく、だぶりなく」整理したり、因果関係を整理したりしていく力がふだん実践するなかで身についてくるでしょう。

事例を織り込んで「ストーリー」に深みを加える

具体例がないプレゼンほど表面的でつまらないものはありません。様々なキーワードやキーメッセージを伝えていくときに、それが過去の経験にもとづくものかどうかで説得力が異なります。

そこで重要なのが「事例（Reference）」です。つまり**自分自身、あるいは自分が過去に関わった人の体験談を「ストーリー」として話す**のです。

文字や図の中に隠れたストーリーがあるプレゼンは相手の興味を引きやすいのです。プレゼン中にすべてをストーリー調に伝えることは難しいですが、事例であればストーリー調で話すことができますし、またプレゼンにメリハリとインパクトがつきます。

インサイドセールスの例では、スペインを訪問してヒアリングしたときに、スペインのコールセンターからイギリスの田舎町の企業に自社製品を販売したという事実を知り、私は衝撃を受けました。その話を、まるで自分がやったかのような臨場感と高揚感を演出しながらストーリーで話したのです。

引き込まれるプレゼンとそうでないプレゼンの違いは、事例の中身と豊富さです。これは書籍や雑誌でも同じです。話すことはいくらもっともなことであっても、事例がないとどうしても一般論や理想論にしか聞こえないのです。

海外では特に自分が経験した事例だけでなく、スポーツや映画、4コママンガを使った事例など、聞き手の関心を引き出すのが得意です。自分が見てきたもの、経験してきたものは一番具体的なものです。だからプレゼンにも深みが加わります。抽象論よりも具体論が好まれるのは万国共通と言えます。

事例を中心としたプレゼンは、実体験と事実がもとになっているので、話す内容を整理できなくなったりすることもありません。また、緊張してプレゼンの内容を忘れてしまうことはありますが、事例であれば忘れることもないでしょう。

プレゼンで重要なキーワードを出す際は、必ず関連する事例を発表しましょう。

4 大きなインパクトを残す「エンディング」を

80%
OF THE RESULT
DEFINED BEFORE
ACTION

プレゼンは必ず「要約」でまとめる

みなさんは誰かのプレゼンを聞いてそのポイントをどれだけ記憶していますか？

おそらくほとんど記憶できていないのではないでしょうか。話し手がプレゼンする目的は相手に理解や行動を促すことです。どれだけ中身がしっかりしていても、聞き手の頭に残らないとプレゼンの目的を果たしたとは言えません。

そこで**プレゼンの最後に全体のポイントの「要約（サマリー）」を入れる**としまりが出ます。このときにも先ほど紹介した、「スリーポイント」を使うとよりうまくまとめられます。

サマリー用に1枚のスライドを最後に追加します。プレゼンの最後に要点を整理して聞き手の記憶を蘇らせるのです。資料として配付すると、参加者が報告などにまとめる際に重宝されるはずです。

「それで?」を意識して結論をしめる

プレゼンでは結論を説明するプロセスが重要です。どれだけすばらしいプレゼンでも、結論にしまりがないと全体的にぱっとしない印象を相手に与えてしまいます。

そこでおすすめするのが「SO WHAT」で考えることです。日本語で言うと「それで?」です。

一生懸命になって英語で相手に伝えたあとに「So…」と言われたことがありますが、これは「SO WHAT」で「で、何が言いたいの?」と柔らかく言われたようなものでした。海外では直接的な表現によって、自分の結論をハッキリさせることが求められます。

私は「それで?」と聞かれることによって、結論を伝える際は「それで?」を自問自答する習慣がついてきました。こうして相手から聞かれるかもしれない質問を想定しておけば、自然と相手の視点に立って結論を伝える意識がついてきます。

プレゼンの後半で「それで？」を意識しながら、結論を整理して説明してみます。聞き手の多くは、プレゼンの内容のほとんどを覚えていないものです。だからこそ、プレゼン後半で結論をハッキリ伝え、整理するのです。

結論は自分の主張を明確にすることが重要です。言い換えれば、自分の意思をハッキリさせることです。**「それで？」をどれだけ深く考えているかによって、聞き手の立場に立った結論になっているかが決まります。**

質問がないか、必ず確認する

プレゼンの終わりには質問がないかどうかを聞き手に確認しましょう。

自分がプレゼンした内容が完璧なものであるとはかぎりませんし、緊張して説明する内容を忘れてしまうことだって考えられます。

質問を受ける時間は、相手の懸念事項を払拭するチャンスでもあります。これを解決すれば、自分の協力者になってもらえる可能性があるので、質問を受ける時間を必ず設けるようにしましょう。

この質問は、相手の質問に答えれば終わり、というものではありません。その返答が相手にとって答えになっているかを確認する必要があります。**「いまの話で、返答になっていますか？」**と聞くと、確実に相手の質問に答えられたかどうかわかります。

以前、世界でも一流の人がプレゼンする講演会に参加したときのことです。

日本人は質問に対しててていねいに答えますが、世界標準にある人は質問にもハッキリ対応します。

自分の見解を述べだした人に対して、「その質問は、あなた個人から私への質問であって、ここにいるあなた以外の人は興味のない内容だから、あとで私のところにきてください」と答えていました。ほかにも「いまの話を聞いていましたか？　あとで隣の人にでも聞いてください」「もっといい質問をしてくれないかな？」などと厳しい物言いで返していました。一方で、本質を突いた質問については、「よく聞いてくれました」と言って、笑顔で深く答えていました。

彼らは、自分にない新たな視点や批判、もっと話したかったことを引き出してくれるような、エキサイティングな質問を期待していたのです。

プレゼンに対する質問がないかどうか、その質問への答えが相手にとっての答えになっているかどうかを必ず確認する習慣をつけましょう。

プレゼンは「見た目」で決まる？

「日本人は資料の作成が具体的なぶん、話が欧米に比べて苦手。一方、欧米人は資料の抽象度が高いぶん、話が日本に比べてうまい」

これは私が様々な人のプレゼンを見て感じていたことです。たしかに私自身のプレゼン資料のスライドを見ても、文字情報が多くて、なかなか印象に残りにくかったのです。

みなさんはメラビアンの法則を知っていますか？

これはコミュニケーションに関する重要性として、話の内容などの言語情報が7％、口調や話の早さなどの聴覚情報が38％、見た目などの視覚情報が55％の割合で相手に情報の伝達がされるそうです。この割合から「7―38―55のルール」とも言われています。「言語情報（Verbal）」「聴覚情報（Vocal）」「視覚情報（Visual）」の頭文字を取って「3Vの法則」と言う人もいます。

つまり、コミュニケーションをとるときには、「見た目」が最も重要で、「口調や話の早さ」が次に重要で、「話の内容」そのものの重要度は意外に低いということになります。

実は、第2章で紹介した新営業組織「インサイドセールス」の経営陣に対するプレゼンは英語によるものだったのですが、自分のプレゼン力を上げるために、「見た目」と「口調や話の早さ」による伝達を工夫するようにしたのです。

プレゼン資料はわかりやすく、かつインパクトのあるものを用意し、とにかく自信たっぷりに大きな声でハキハキ話すように心がけました。

このとき参考になったのが、日本と海外のプレゼンの違いです。日本と海外のプレゼンのよさを両方取り入れようと考えたのです。

経営陣へのプレゼンというだけでも緊張するのに、さらに英語でプレゼンすることになったので、前日は眠れないくらい緊張していました。本番が始まると声が上ずっているのが自分でもわかりましたが、何とか成功に終わりました。

- プレゼンの目的は相手の視点に立って「意味づけ」して「いいね」と共感してもらうこと
- プレゼンは、アハ、ペインポイント、ワオで引きつける
- 論点は3つのポイントで整理する習慣をつける
- 事例を織り込んだストーリーで臨場感を演出する
- 要約、質問タイムは聞き手への配慮を忘れずに

POINT

CHAPTER 5

“ダラダラ会議”から脱却させる「ファシリテーション」

目指す結果に向かうときに、プレゼン同様重要なのが会議です。本章ではファシリテーション・スキルを紹介しながら、会議を「エンジン」として使いこなす方法を紹介します。会議で得られる結果も、事前準備でほぼ決まります。本章で紹介する技術を活用してください。

80%
OF THE RESULT
DEFINED BEFORE
ACTION

1 なぜ会議で成果が上がらないのか？

80%
OF THE RESULT
DEFINED BEFORE
ACTION

会議の生産性が低くなる「3つの要因」

会議は「結果」をどこまでイメージできるかで、その生産性が決まります。会議には参加者の時間と人件費、そして会場の費用など、あらゆるものを投資しています。その投資に対するリターン、つまり生産性に徹底的にこだわる必要があります。**会議における生産性とは「より短時間で、よりいい結果を得ること」**です。会議の工夫1つでメンバー全員の行動とその結果が大きく変わります。

海外では会議の生産性に徹底的にこだわっています。そのノウハウを取り入れれば、会議の生産性を高められます。

会議の生産性が低くなってしまう要因は、3つの不足にあります。

会議の生産性が低くなる3つの要因

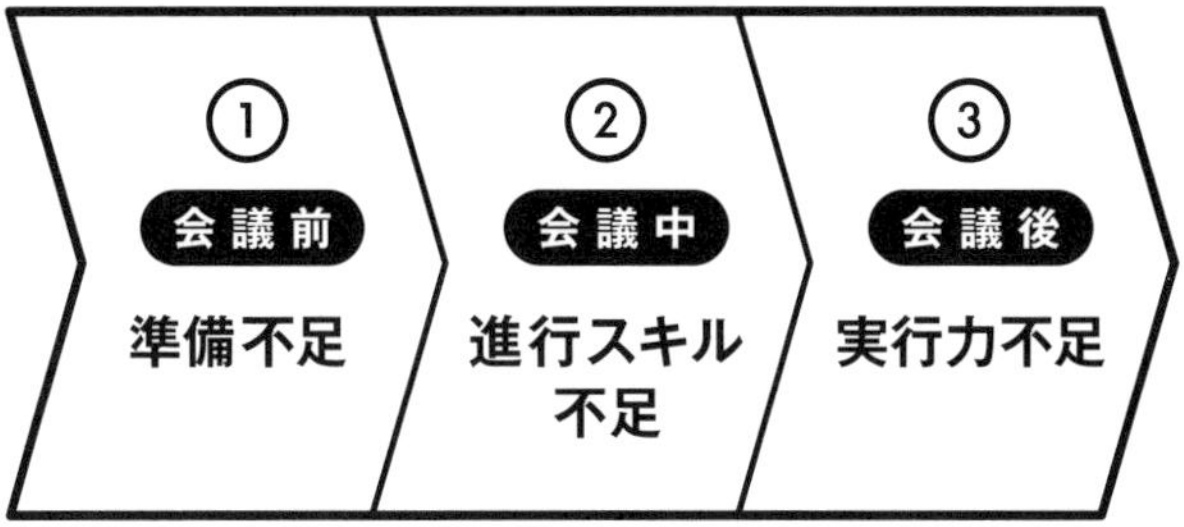

3つの不足を解消するのがファシリテーション

1つめは会議前の議論の流れについての**「準備不足」**、2つめは会議中の**「進行スキル不足」**、3つめは会議後の**「実行力不足」**です。会議をするときには、この3つの不足を解消することに徹底的にこだわります。

これらを解消するときに役立つスキルが**「ファシリテーション」**です。

ファシリテーションとはメンバーを協働や問題解決に導き、合意形成を促進し円滑にするスキルのことです。単純に質問をふったり、時間を管理したり、ただ司会を進行するだけの技術ではありません。

大きく、①議論の準備をすること、②議論を円滑に進行すること、③実行につなげることにわけられます。

②

会議は「事前準備」で8割決まる

80%
OF THE RESULT
DEFINED BEFORE
ACTION

「この会議、何のためにやっているんだっけ？」と思うような、〝ダラダラ会議〟に参加したことはありませんか？　会議には多くの人の時間とコストが投入されるので、それに見合った結果を生み出す必要があります。**会議で最も重要なことは、参加者と決定したことを行動に落とし込み、結果につなげること**です。その結果は、事前準備で８割決まるのです。

会議のテーマや目的はメールで事前に共有する

会議が始まる前にやっておきたいのが、会議の議論の流れを押さえることです。これから紹介することを会議前の10分で用意するだけでも、生産性が一気に高まります。

会議では多様な価値観や、知識、経験などを持った人たちが一丸となって問題解決へと導いていく必要があります。そのために必要となるのが、次の5つの要素です。

① 目的

会議の目的を明確にしておく必要があります。私は4つに整理できると考えていて、「情報共有」「意識合わせ」「問題解決」「意思決定」が上げられます。

② アウトプット・イメージ

アウトプット・イメージとは、会議でどんな議題について話し合うのか、その結果どんな結論を得たいのかをイメージしておきます。

③ 進行する段取り

だいたいの時間進行を考えておきます。

④ 役割分担

会議を進めるにあたって、役割分担を事前に決めておくといいでしょう。ファシリテーターとホワイトボード、そしてタイムキーパーです。

ファシリテーターの役割は議論をリードすることです。ホワイトボードは議論の内容や決定事項を共有するために記録していきます。タイムキーパーは、予定通りの時間で会議が進んでいるかどうかをチェックします。議事録を担当する人を決めておいてもいいでしょう。

参加人数にもよりますが、ファシリテーターは事前に必ず決めておきます。

⑤ 行動規範

行動規範はその会議におけるルールのようなものです。「くだらない意見でもどんどん言う」「なるべく挙手するなどして主体性を発揮する」などと共有しておきます。これはシンプルなことですが、意外に効果があるものです。ホワイトボードやスクリーンに書いておくとさらに効果的です。

以上の5つを明確にすれば、議論の流れをきちんと押さえられるようになります。これを事前に考えておくだけでも一気に生産性が上がるので、会議の前には時間をとって考えるようにしましょう。

ファシリテーションの全体像

会議前

事前準備して会議をイメージする

- □ 目的が明確か？ 共有されているか？
- □ どんな結論、アウトプットが出そうか？
- □ 議題（アジェンダ）は明確か？ 関係者と共有しているか？
- □ 役割分担（ファシリテーター、ホワイトボード、議事録）
- □ 会議のルール（行動規範）
- □ 会議室・備品を確認する
- □ 参加者の事前把握（所属、性格など）

会議中

生産性を高める

- □ 会議の冒頭に目的の確認・共有
- □ 参加者とアウトプットイメージの確認・共有
- □ 議題の確認・共有
- □ ポストイット、スイーツなどの小物を用意する
- □ データ（数値資料）や各種分析資料の共有
- □ 質問や意見を引き出す

会議後

スピーディに実行する

- □ 行動プランの明確化（誰が、何を、いつまでに）
- □「次の行動」の優先順位づけ
- □ その場で「次の会議」の設定
- □ 会議の振り返り

会議は「事前準備」で8割決まる

議論の流れを決める5つの具体的なイメージが固まったら、これを関係者にメールなどで共有しておくようにします。そうすれば、相手も同じ認識を持って議論を進められるようになります。

これはお互いの共通理解を持つ意味もありますが、**事前に双方の意図にズレがないかをチェックする**ことができます。

もしズレがあれば、会議中にそのズレを修正することに時間を取られてしまいます。議題のモレが事前にわかれば、必要な資料などを用意していなかったということは避けられます。

「貴重な時間を頂戴しますので、会議を実りあるものにしたいと考えています。もし意図のズレや追加の論点があれば、事前にご指摘ください」

という内容をメールに記して、事前に共有しておけばいいでしょう。

「誰が何を言いそうか」までイメージできれば理想的

会議を自分が思うような結果へと導くには、議論の流れをイメージしておくことが必要不可欠です。参加者を見て、どのような発言をするか、それに対してこちらがどう答えるか、などを詳細までイメージできれば理想的です。

議論の流れは大きくわけるとだいたい4つのプロセスで進行します。何人かに発表してもらうと、いくつかに「②意見を分類」できるようになります。これをさらに体系化して、ロジックツリーやマトリックスなどで、「③意見を体系化」させます。そうすれば、論点が浮かび上がってくるはずなので「④論点を明確化」します。

論点を明確化したら、議論すべきことの優先順位を決めます。

このように体系化するのにはいくつかのメリットがあります。

まずは議論の全体像を参加者全員でチェックできるので、どこを議論しているのかが明確になります。そして議論に偏りやモレがないかがわかります。

会議では、同じ部分について繰り返し論じていることに気づかず、時間の割に前に進んでいないというケースもあります。そうした**時間のロスを避けるためにも、このように議論を体系化して参加者の目に入れるように書き出しておく**ことが必要なのです。

私が重要な会議を主催するときには、事前に議論を体系化しておきます。

海外の一流クラスになると「誰が、何を言うか？」までイメージできることがあります。そうなれば、自分の思い通りに議論をリードできるでしょう。そこまでのレベルになるには訓練が必要です。まずは「どんな意見が出そうか」「どんなふうに分類できるか？」「それをフレームワークに落とせるか？」「どの順番で議論すればいいか？」を事前に書き出すことから始めましょう。

会議の時間は「目的を達成したら終わり」が基本

会議の時間配分は、その重要度と結果の大きさに応じて検討します。

会議の予定所要時間は、あらかじめ共有しておきます。ただこの予定の時間は上限の時間であって、これよりも短くてもいいのです。時間対成果を考えると、会議は**「目的を達成したら終わり」というのが最も効率的**です。会議の生産性を上げて時間を短縮させて生み出した時間を、次の行動につなげられるからです。会議で決めたことを速やかに実行すれば、スピードとインパクトにいい影響を与えられます。

午後の数時間を使って会議をする場合もあります。そこでは投資に関する意思決定など、重要なテーマが話し合われることもあるでしょう。

一度立ち止まって検討したいのが、この場合、有効な時間を活用できているかどうかという点です。会議は複数の人を拘束して行なわれます。当然、時間もコストも投資するので、それに見合った結果が必要です。

意見を聞く場合でも、主催者のほうで事前にたたき台を用意しておいたり、参加者にたたき台となる資料を用意させておいたりするのがルールです。

「各支社の状況を報告せよ」という曖昧な指示では時間がかかってしまいます。なかには「演説」が始まってしまうケースもあり、これではいくら時間があっても足りません。「各部署の売上の進捗を発表し、うまくいっている要因を共有する。うまくいっていない要因は、何が問題か解決策とともに発表する」というように、主催者が何を聞きたいかを事前に示しておく必要があるでしょう。

たたき台のない会議では、会議中にたたき台をつくって、さらにそれを検討するプロセスが必要になります。たたき台の完成度が高ければ、本題にスムーズに入っていけます。会議自体を行なわないということも考えられます。

会議は「目的を達成したら終わり」というルールを徹底させて、1時間の会議を30分以内で終わらせてもいいのです。そのほかの案件に時間を割いたほうが結果を得られることも少なくありません。

3

会議中にやってはいけないこと

80%
OF THE RESULT
DEFINED BEFORE
ACTION

まずは、事前にメールしておいた会議の目的とゴールを改めて会議の冒頭で共有します。海外では「この会議の目的は～（The objective is ～）」という言葉が、会議の冒頭の決まり文句です。

このときに口頭で説明するだけではなく、ホワイトボードやスクリーンなどに書いてもらうようにします。そこからスタートします。

「思考停止ワード」を使わない

会議において「ブランド」「シナジー」「差別化」という経営学の用語が出てくることも少なくありません。しかし、「『ブランド』を漢字とひらがなで説明してくれ」

と言われたら答えられないものです。

こうした言葉は人によって解釈が違うことがあるので、自分がどのような意味合いで使っているのか、それを相手に伝えておくべきです。

これらの言葉を**「思考停止ワード」**と呼んで、会議では使わないようにしています。思考停止ワードが多い会議ほど、「行動する前」から参加者の意識や行動にばらつきが生じ、結果へのインパクトが弱まってしまうからです。辞書で「差別化」を調べて理解するという意味ではなく、言葉は「目的」があわさって初めて活きた言葉になるということです。

例えば「他社との差別化は?」と聞かれて、会議中にみんなで一生懸命考えているケースがあります。他社との違いを考えるのですが時間だけが費やされるばかり。ここで「A社の商談のケースを使って、自社と競合T社の営業アプローチの違いはどこにあるのか?」「先日B社の商談で、自社がT社に負けた原因は?」「C社のケースではどうやったら、T社に勝てるのか?」などをテーマに議論をすると、「差別化」という言葉を使わなくても、営業アプローチや敗因、勝つための方法を議論できます。

「思考停止ワード」は、表層の言葉にとらわれてロジックの本質や議論の本質を崩してしまう言葉なのです。

ロジカルシンキングの本には、よく「論理の飛躍」や「隠れた前提」という言葉が出てきます。定義が必要な言葉を、あたかもみんなが共通の理解をしている前提で使うと「隠れた前提」が見えないままに会話が進んでしまいます。あるいは言葉の表面にとらわれた勝手な思い込みが「論理の飛躍」を生み出してしまいます。

特に**責任ある立場になるほど、こうした「言葉の重要性」をきちんと認識しながら会話をしていくことが重要**です。重要なお客様を担当している、重要なプロジェクトを任されている、部下の教育を任されているなど、大切な仕事で会話するときには、言葉の持つ意味合いをきちんと意識していきましょう。

○ 意見は順番に聞かない

会議が長時間になり生産性が低くなるパターンの1つは、「順番に意見を言う」ことです。ここにも会議の生産性を上げる余地があります。「順番に意見を言う」という方法がとられる典型的な場面が、意見や解決策を探るときです。

例えば「会議の生産性を上げる」ことをテーマにした会議があったとしましょう。ここで、「一人一人にいまの会議の課題をどう思うか、その課題の解決に向けてどうするべきか意見を言っていく」という段取りでは、とても時間がかかります。私の経験では、**意見を順番に聞いていても、だいたい3人目ぐらいまでに議論のポイントは出尽くす**ものです。４人目ぐらいになると前の人の発言を上塗りしたり、同じ内容を別の言葉で表現したりするようになります。

こんなときには、まず挙手を募ります。例えば「会議の生産性を上げることに関して、何か意見のある人はいますか？」と聞くようにします。何らかの不満や解決策を持っている人は、ひと言物申したい場合が多く、たいてい挙手するものです。

挙手がない場合は、指名します。発言しない人は新しいアイデアを持っていない場合がほとんどです。「ほかに意見のある人は？」と聞けばいいでしょう。

気をつかうべき相手やキーマンが同席していれば、「山田さんからつけ加えることはありますか？」と聞けばいいでしょう。

一人ひとりの意見を聞くこと自体に意義がある場合は、順番に聞いていくのが有効なこともあるでしょう。しかし、短時間で行動に結びつけたいときには、順番に聞くのではなく、「意見のある人から発言してもらう」という方法を試してください。これも会議の生産性を上げるためにグローバルで体感した方法です。

会議中にパソコンを使わない

私が主催する会議では、会議中にパソコンを使うことを原則として禁止しています。議事録の作成係など、役割上パソコンが必要な人や、やむをえない事情で事前に私の**承諾を得た人以外はパソコンを持ち込まないことをルール**にしています。

会議室に鳴り響くタイピングの音に不快な思いをした経験は、みなさんはありませんか？

会議中でも大事なメールの対応をしなければならないこともあるでしょう。例えば顧客からの重要なメール、あるいは部下からの緊急の相談。しかし、会議中にパソコンのキーボードを叩く音は、本人が思っている以上に周りにノイズとして聞こえるものです。

会議中は議論に集中するのが原則です。しかしどうしても緊急のメールが気になる。特に自分が招集した会議でなく、招待された会議でそんなジレンマに陥ることもあるでしょう。

そんなときは「会議室を離れて外で対応する」ことです。常識だと思いますが、なかなかできないことです。こんなことを言っている私も会議中にメールをついつい書いたこともあります。

どうしても緊急の要件がたくさん入ってくる場合、そっと主催者にひと言伝えて会議を離れる。これがその会議の主催者を尊重することになります。あるいは、メールは会議のあとで見ることにして会議を最優先にする方法もあります。

会議の前からそんな事態が予想される場合は、その主催者に事前に伝えておくこともエチケットです。

会議の主催者と参加者には敬意を持つようにしましょう。そうすれば、自分の行動も変わってくるはずです。

④

議論が噛み合わないときこそ腕の見せ所

80%
OF THE RESULT
DEFINED BEFORE
ACTION

曖昧な主張をハッキリさせる「根本原因」

「意見を発表」するプロセスにおいて、相手の言っている主張が曖昧であることも少なくありません。

海外の会議で問題解決に関して議論をする際は口癖のように「Root Cause」という言葉が出てきます。これは問題の「根本原因」を指します。

大体にして、複雑な問題を議論する際は、いつまでに解決しなければならないという期限があるものです。結論を焦るがゆえに、その問題の根っこにあるものを十分に話し合うことをおろそかにしがちです。あるいはあたかも自分はその根本原因を知っているかのように感覚論に走り、誤った判断をしてしまうこともあります。しかし、それでは根本解決につながらないのです。

グローバルでお客様の保守を担当するメンバーと会話したときのことです。ふだんからお客様のトラブルを解決することを目的にしている組織では、日々解決しなければならない問題が絶えません。そんな彼らが口癖にしているのが「根本原因」です。すぐに解決しなければならないなかで、問題の本質を特定する時間的な余裕はないのです。しかし、その場しのぎで対策に当たるよりも、時間をかけてでも問題の根本を押さえることのほうが、結果的に次のトラブルの回避につながることを彼らは知っているのです。

そこでよくやる方法が、各自が思う原因をホワイトボードや模造紙などに書き出し、問題の因果関係を図や文字、あるいは矢印で整理することです。例えば矢印の起点が原因、そこから結ばれる矢印の先が結果を指します。単純な方法ですが、感覚で議論せずに、文字や図にして関係者の目に見える形で共有するのです。課題を矢印でつなげていくうちにどこに根本課題があるか見えてきます。だいたい矢印が集中する先に根本原因が隠れています。

つまり議論を構造化し、その内容を可視化して関係者と共有するのです。

海外では複雑な問題点を議論する際に「Root Cause は?」と聞かれることが多い

です。つまり意思決定を目的とした会議で参加者の議論が噛み合わないときにファシリテーターは「根本原因」に立ち返ることが大切です。問題の根本を押さえないと同じ問題を繰り返すだけです。

たくさんの複雑な問題があってもその根っこにある問題は1つです。ただやみくもに問題点を議論するのではなく根本原因を特定したうえで解決策を議論するのです。

「議論のズレ」の正体は？

議論が噛み合わない場合は、論理がズレてしまっていることがほとんどです。こうしたときにファシリテーターは、上手に論点を合わせるように誘導する必要があります。

ここで効果を発揮するのが「ロジックツリー」なのです。

①「ロジックツリーの外」

現在議論していることとまったく関係しない議論を持ち出している場合があります。「なぜ売上が下がってきたのか？」という議論をしているときに、「外食産業自体がダ

ロジックツリーで議論を可視化する

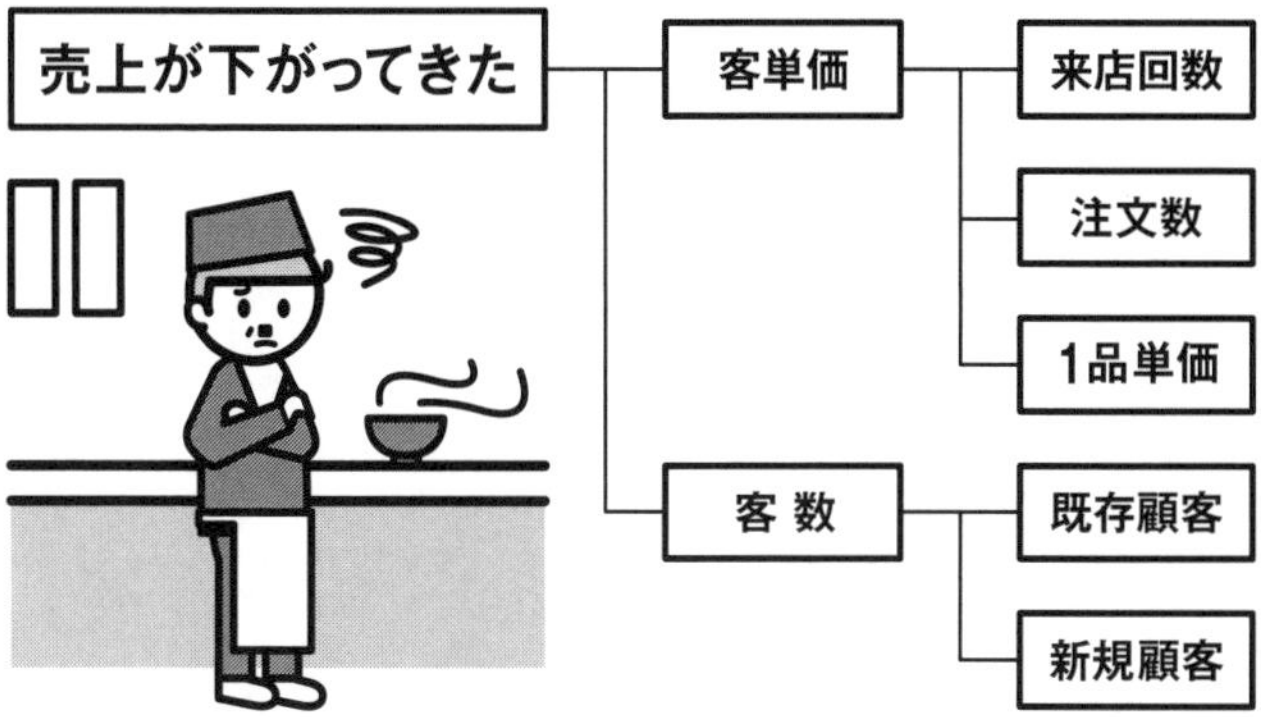

ロジックツリーがあると「ズレ」が起こりにくい

メ」という議論を持ち出されても、議論になりません。

②「レベルのズレ」

議論のレベルがズレているケースがあります。ロジックツリーの上位概念と下位概念では議論が噛み合うはずがありません。

③「根本ズレ」

議論の根本が異なる場合にもズレは生じます。例えば、「利益を上げる」ときに「売上を上げる」に論点を絞って議論をしているときに、コスト削減の議論を持ち出されても、ズレが生じます。

④「軸ズレ」

議論の軸が異なる場合もあります。例えば、売上の数字を上げるためのプロセスなどについて話しているときに、「根性が足りない」などの精神論を持ち出されても議論が前に進みません。

以上のような４つのズレに注意する必要があります。

本筋からズレた議論は「パーキングエリア」に追いやる

会議の目的を共有したうえで議論が進んでいても、熱を帯びてくると本筋のテーマからズレるときがあります。

海外の会議に参加すると、日本以上にお互いに積極的に主張するので議論が脱線することは日常茶飯事です。その脱線から抜け出す工夫として「パーキングエリア(Parking Area：略してＰＡ)」があります。

パーキングエリアとは、本筋の議論からはずれた意見や議題をあとで議論する方法です。ここでは**参加者全員にＰＡを「見える」化しておくことがポイント**です。「これは意義のある議論だけど、いまの本筋とは関係ないので、いったんＰＡに置いて、のちほど議論しましょう」といった要領で、関係者の目にとまるようにポストイットやホワイトボードの隅っこにでも書いておきます。ＰＡに書く内容は、議論すべきテーマを短い文章でまとめる程度で十分です。これにより同じ議論がむしかえされるのを防ぐのです。

例えば、自分が一生懸命に考えて出した意見が流されてショックを受けたことがありませんか？　それだけでその会議に対する参加意欲が落ちるものです。議論の外側にある意見でも、しっかりホワイトボードに残しておけば参加者の参加意欲を維持し、意見をもっと引き出すこともできます。

意見を出した人からすると、自分の意見が流されたわけではなく、あとで議論することになっただけです。特に、議論を脱線させる人のなかには相手にされなかったことに苛立ち、余計に会議を乱してしまう人もいますが、そうした抵抗派の妨害を防ぐこともできます。

こうして蓄積されたPAについては、会議の後半にまとめて解決します。もともと本題からはずれた内容です。短い時間で集中して解決したほうが効率的です。

このように本筋をはずした議論はパーキングエリアに置いて、話を本筋に戻します。

それでもまとまらない議論は「オフライン」で議論する

議論が脱線したとき、あるいは議論がまとまらないときのパーキングエリア以外の方法として「オフライン」があります。

オフラインとは会議の外側のことを意味します。つまり、別の日程で関係者だけで集まり議論をするのです。関係ない人からすると議論が一部の人に偏り、「その議論はほかでやってくれ」と思うこともあるはずです。それを「オフラインで話し合ってほしい」と言えば聞こえもいいものです。

例えば、4つの部署で集まっているときに、2つの部署にしか関係ない議論が出ることもあるでしょう。そのときにその2つの部署のみで**別の場所で議論してほしいときに使うキーワードが、「オフライン」**です。「その議論はオフラインで調整してください」と関係者に伝えたうえで、議事録のアクションリストに追加します。

実際、海外の会議ではよく「オフライン」という言葉が出てきます。様々な国の人が参加すると、自分が担当している地域や役割を中心に意見を出すことがあるため、ほかの参加者には関係ないこともあります。そのようなときは「これはオフラインで議論しよう」と相手に伝え、その会議の外側で関係者と別会議を調整しながら意識合わせや結論を出し、その議論の結果を元の会議でフィードバックするのです。

会議の議題が事前に明確でない場合には、話し合って調整するときもあるでしょう。いわゆる根回しもオフラインの1つの活用法です。

日本においても組織間や地域間の壁があることで、なかなか議論がまとまらないことがあると思います。そのようなときは全員で議論するべきことと、個別で議論すべきことをわけてみるといいでしょう。

会議を迷走させない「ホワイトボード」活用法

私は、これまで国内外を問わずたくさんの会議に参加してきましたが、その生産性を分ける大きな違いが議論を「可視化」できるか、できないかです。

会議の進め方や議論の進め方が上手な人のほとんどは、ほぼ例外なくホワイトボードの活用がうまいと言っても過言ではありません。海外では、日本以上にホワイトボードを活用して会議全体の流れを「可視化」しているように思えました。それだけ、様々な意見が飛び交って「可視化」なしでは議論が整理できないのです。

ホワイトボードを活用して議論の過程を「可視化」しておけば、会議の迷走を避けられます。前提として「目的」と「議題」を書いておき、何のために集まり、何を議論するのかを明確にしておきます。こうすれば、本来の目的を見失うことも議論が堂々巡りになることも避けられます。

次のような点を意識してホワイトボードに足跡を残しておきます。

① シンプルだけど強力な「議論整理ビジュアル」

口頭でのやりとりだけでは「ズレ」が出てきてしまうものです。因果関係は「原因」と「結果」を「矢印」で結べばいいでしょう。議論を整理するには、マトリックスが便利です。場合によっては、ロジックツリー、プロセス、サイクルを活用することもあるでしょう（次ページ図参照）。メリット、デメリットを比較する表もパワフルです。これらは単純なものですが、議論を整理するうえで強力です。

② 合意事項と決定事項を「3W」で記入する

合意事項や決定事項は「だれが（WHO）、何を（WHAT）、いつまでに（WHEN）」を明確に書きます。場合によっては「どこで、どうやって、なぜ」なども書いておきます。これを記録しておけばそのまま議事録としても使えます。

③ 「オフライン」「パーキングエリア」も忘れずに記録

当事者同士で別の場所で話すことになった「オフライン」や、あとで議論することになった「パーキングエリア」も内容を記録しておきます。

ホワイトボードで使うと便利な「議論整理ビジュアル」

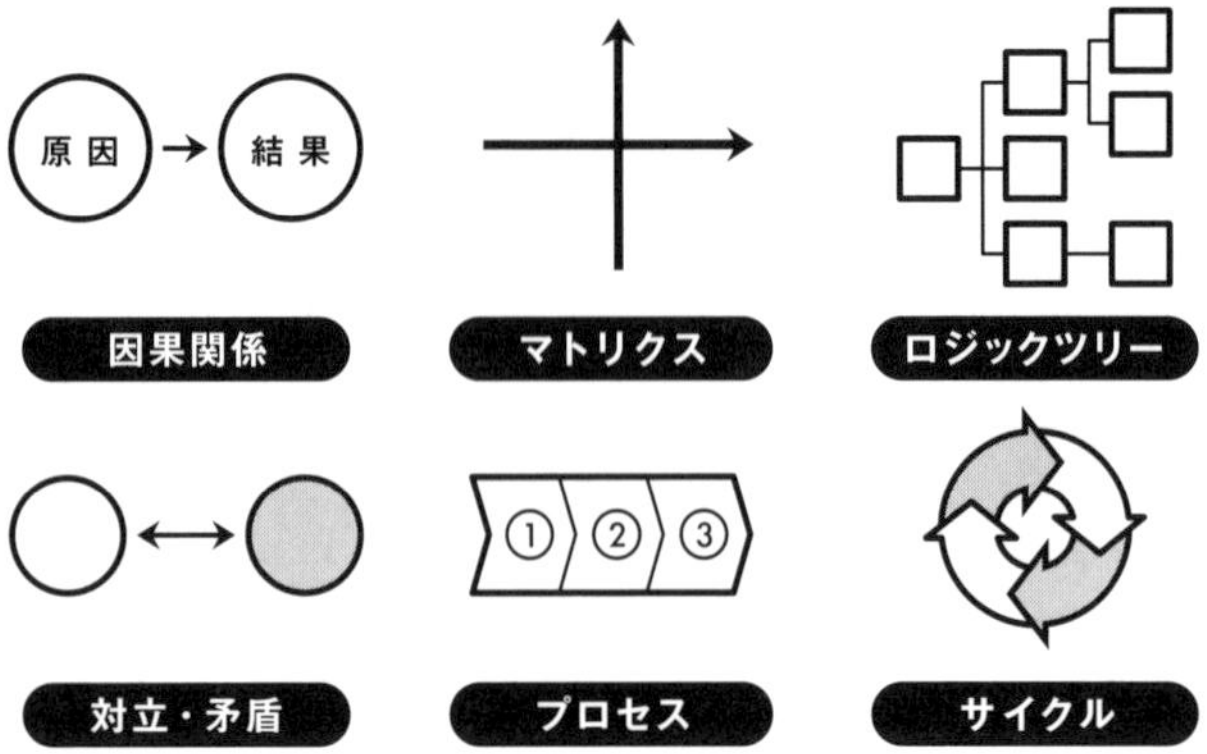

可視化して共通の理解を深める

ホワイトボードを書く担当者を決める方法もあります。海外の場合には議論が盛り上がってくると、ホワイトボードの前で参加者全員が立ちながら議論をするケースもあります。自由に書き足していく雰囲気が理想ですので、私はあまりルールを決めていません。

会議が終わったときには、ホワイトボードの内容はすぐに消さずに、デジカメやスマートフォンなどで撮影し記録しておきましょう。これを共有すれば、メールでの議事録とセットでアクションに移しやすくなります。

5

実行なき会議の結論は無意味

80%
OF THE RESULT DEFINED BEFORE ACTION

会議の決定アクションを振り返り優先順位をつける

会議は「行動を決定したら終わり」ではありません。会議で決定した行動を速やかに実行していくことが重要です。ファシリテーターは、この決定した行動をどのように実行していくかまで考える必要があります。

会議で決まった行動は、期待できる結果と必要になる時間をイメージしながら優先順位をつけていきます。

決定した行動を終盤に振り返り、「何を、誰が、いつまでに」行動するのかを確認して、その場で共有します。これはスケジュールソフトなどを使って参加者の間で共有するようにします。

こうしておけば各参加者がチェックできます。

そして、場合によっては、それぞれ行動について優先順位を検討する必要がありま す。

この優先順位づけは、これまで何度か紹介した判断軸である「インパクト」と「時間」を使って行ないます。短時間でインパクトのあるものから優先して着手します。

確実に実行しなくてはならないときには、着手の日程を決める方法もあります。

締切り代わりに「次の会議」をセットする

会議での決定事項を各参加者が実行する段階になれば、それぞれの進捗状況を把握する必要があります。スケジュールソフトに書き込む方法のほかに、「次の会議」をその場でセットする方法があります。

締切り自体を会議の日に設定してしまえば、言いわけできなくなり自ずと実行することになります。「やっている、やっていない」のチェック機能が働くことになり、達成度合いなどもお互いに共有できます。

これは重要なプロジェクトのときに効果的です。接触頻度を増やすことになり、お互いに共有できる情報も多くなります。

次の会議をセットしたときには、会議と会議の期間も、電話やメールなどで進捗の状況などをやりとりしておくと物事を円滑に進められます。よく「次の会議で聞けばいいか」などと考えて、確認すべきことを先延ばしにすることもあると思います。こうしたやりとりをきちんとしているかどうかでスピードは変わってくるのです。

会議自体も振り返り、メンテナンスする

会議のまとめに入るときには、ファシリテーターが中心になって会議の生産性について振り返るようにします。これが、次回の会議を開くときの事前準備に役立ち、さらなる生産性の向上につながります。

会議を振り返るときも「生産的であったかどうか」をもとに、「よかったこと」と「こうすればもっとよくなること」を振り返ります。

具体的には「ファシリテーターの会議の進め方に問題はないのか？」を聞くこともあるでしょうし、「参加者が事前準備の段階でもっとやるべきことがなかったのか？」などを確認してもいいでしょう。

私が参加した海外の会議では、その会議自体を存続するかどうかも議論することがありました。「そもそもこの会議を開くことに意味があるのか？」ということまで振り返ることもあります。その結果、意味がないと判断されれば、会議そのものがなくなることもあります。

特に定例会議などは、いつの間にか会議という結果を出すための手段が目的化してしまっているケースもあります。定期的にメンテナンスの必要がないかを見直すようにしましょう。定例会議の参加者が入れ替わっていると、そもそもその会議が発足した経緯や理由などを、参加者が共有できていないケースもあるでしょう。

会議そのものをなくすということも生産性を上げるという点では、きわめて重要な決断です。

「目的化」されがちな議事録作成

会議には議事録はつきものです。日本と海外の議事録の違いは、**日本の議事録が「記録」を重視しているのに対して、海外の議事録は「行動」を重視**している点にあります。

海外の議事録には行動を促す最低限の情報のみ記録されているため、その読み手がすぐに情報をキャッチし、行動に移せるのです。書き手としても記録する情報は最低限ですむので、会議の参加者が合意したアクション項目を箇条書きにしてまとめる程度です。会議の直後に議事録を関係者に送信することができます。体裁を気にする必要はなく、読み手、書き手ともにアクションが早くなるのです。

日本の会議の議事録には、会議参加者の発言がすべて記述されているものがあります。「誰が、何を言ったか？」を記した議事録は、法廷での証言などであればともかく、ビジネスでは必要ない場合がほとんどでしょう。海外の会議でこのような議事録は見たことがありません。

議事録は「誰に、どのような目的で見せるのか」、この目的を確認しましょう。もし細かい議論の過程を知らせるのが目的であれば、その人は本来的には会議に参加してもらうべきでしょう。議事録担当者は、議事録の作成に時間をとられてしまいますし、それをチェックする人も大変です。さらに承認をもらってから関係者に見せるという流れでは、情報共有が遅くなり、行動に移し結果を出すまでに時間がかかってしまいます。

ビジネスの場合、「誰が、何を、いつまでにやるのか？」の３Ｗ（ＷＨＯ・ＷＨ

会議で決まったアクションリスト

会議の決定事項

誰が？（WHO）	何を？（WHAT）	いつまでに？（WHEN）
上川	□ 予算案を最終確定させる	3月15日
中田	□ セミナー会場（400人程度）を本予約する □ プロジェクターなどの各種設備を確認する	3月10日 3月10日
小泉	□ ホームページの完成 □ 関係者に案内メールを送信	3月20日 3月21日
渡辺	□ パンフレットのデザイン案を打ち合わせる	3月20日

行動をまとめれば、発言内容などの議事録は不要

AT・WHEN）を整理してネクストアクションを記録しておけば十分です。

私が主催する会議では「誰が、何を、いつまでにやるのか？」を記録する役割を決めています。会議を終える前に合意事項と決定事項を確認して、担当者から関係者宛にその場でメールを出してもらいます。エクセルやワードなどのデータで添付して送る場合もありますが、基本的にはメールだけで議事録を共有します。関係者全員が添付データを開いて閲覧する時間がもったいないからです。

この「その場」での行動は、海外ではもっとスピーディです。例えばその会議に参加していない人へ、確認事項と依頼事項があれば、その場で電話するケースもあ

ります。「いま会議でお前にこういうアクションをしてほしいということがあった、すぐに着手してくれ」と電話で伝えるケースも珍しくありません。こうすれば「連絡する」という仕事をタスク化する前に実行でき、それを共有すればスピードが上がります。

このような会議は、会議室がさながら「コックピット」です。決定事項を速やかに行動に移すためには、議事録の作成もスピーディであるべきです。**「何を話したか?」よりも「何を決めたか?」、それを記せれば十分**です。

「つまらない会議」ほど得るものが大きい!?

会議に参加する際には、生産性を高めるための準備と同時に、もう1つ事前に意識しておきたいことがあります。それは「その会議から何を学ぶか」を明確にしておくことです。

私の場合、「学びたいポイント」を頭で意識するだけでは、何となく終わってしまうので、会議前に学びたいポイントをメモするようにしています。

例えば、報告を目的にした会議であれば、「Aさんの報告は、論理構成に注目して聞く」「Bさんの鋭い分析の視点と数字の使い方を学ぶ」「数字の進捗がいいCさんがどんな取り組みをしているのかを聞く」などとメモしておきます。

こうすれば、会議へ参加する意味も大きくなり、自分が報告するときにも活用できます。同じような立場の人が参加する会議であれば、自分のレベルを知る機会としても利用できます。

営業企画の仕事をしていたとき、グローバル会議に招集されたことがあります。その会議は、私と同じ役職の人が各国から集まるものでした。同じ立場にいる人であれば、それぞれ抱えている課題などは似たようなものです。なかには、その課題をすでに解決している国もあります。その場合、日本でも同じやり方で課題を解決できる可能性が高いということになります。反対に日本でうまくいっている取り組みを、同じ立場の人たちと共有することもできます。

このように学びたいポイントを明確にしておけば、会議での情報の吸収量が変わります。こうした学ぶ意識を持てば、「つまらない会議」も「学びの場」へと一変させられます。どうしても参加しなくてはいけないような、つまらない会議もあるでしょう。そのときには、同席する人から何か学べるものがないかを考えるのです。「この会議はなぜつまらないのだろうか？」というそもそもの理由を反面教師として考えるのも1つの方法です。本章で紹介したように、会議前、会議中、会議後のどこに問題があるかを考えるのもいいでしょう。さらに、「自分がその会議の主催者だったらどうするか？」を考えておけば、あとで必ず役に立つ場面があるでしょう。

会議では自分が学びたいことを1つでも意識しておくと、会議に参加するメリットが増えるのです。

CHAPTER 6

POINT

- 会議の生産性を上げるには、「準備不足」「進行スキル不足」「実行力不足」を解消する
- 会議は「事前準備」で8割決まる
5分でも10分でもいいので準備する
- 進めるときには論理を共有しているとズレを修正しやすい
- 3Wで「行動リスト」をつくり確実に実行に落とし込む

指示待ち人間を“自ら考えるプロ”に育てる「リーダーシップ」

自分一人でできることは、たかが知れています。それが複数になれば、その可能性は一気に大きくなります。目標を大きく上回って達成するには、「人を動かす」方法を知っておく必要があります。本章では私が尊敬する上司から学び実践している方法を紹介します。

80%
OF THE RESULT
DEFINED BEFORE
ACTION

1

チームの結果は「WHAT」で決まる

80%
OF THE RESULT
DEFINED BEFORE
ACTION

「WHAT」と「HOW」のどちらが大事?

2006年当時のイタリア人上司は、日本をふくむアジア各国のある営業部門を統括する責任者で、実績も出している人でした。私は彼をベンチマークしていて、彼のマネジメントの方法を少しでも真似したいと考えていました。

その上司に、国籍や立場など異なる背景を持った人たちと共通の仕事を推進する際のコツを聞いたところ、「まず目的(WHAT)を明確にするんだよ」と教えてもらいました。

人を動かすときには、「HOW(手段)」より「WHAT(目的)」のほうが大事だと言うのです。これは私にとっては意外なものでした。

私は、各国の状況をそれぞれ聞きながら「どうやって」の「手段（HOW）」の部分を共有して、1つひとつ着実に実行していくことが大切だと考えていました。これでうまくいった成功体験もあり、各人がバラバラな動きをしていたらとてもまとまらないと思っていたからです。

ところが、その上司は行動する前に「目的」を決めておくことが最も重要であり、**「手段」の部分について意識を合わせることは苦労の割にリターンが少ない**と言うのです。「どうやって」の手段については、国籍や立場によって考え方や価値観が異なるため、仕事の具体的なやり方まで足並みをそろえるのは困難なのです。

リーダーの仕事は「WHAT」を決めること

「WHAT」は、組織が果たすべき目的や目指すべき目標のこと、あるいは解消すべき課題のことを指します。「HOW」はそれを達成、解消するためにとるべき行動のことを指します。

リーダーの仕事は「WHAT」を決めること、「HOW」は部下に任せるべきだと言うのです。そもそもチームの結果は「WHAT」で決まるものだと叩き込まれま

「WHAT」を決めるのがリーダーの仕事

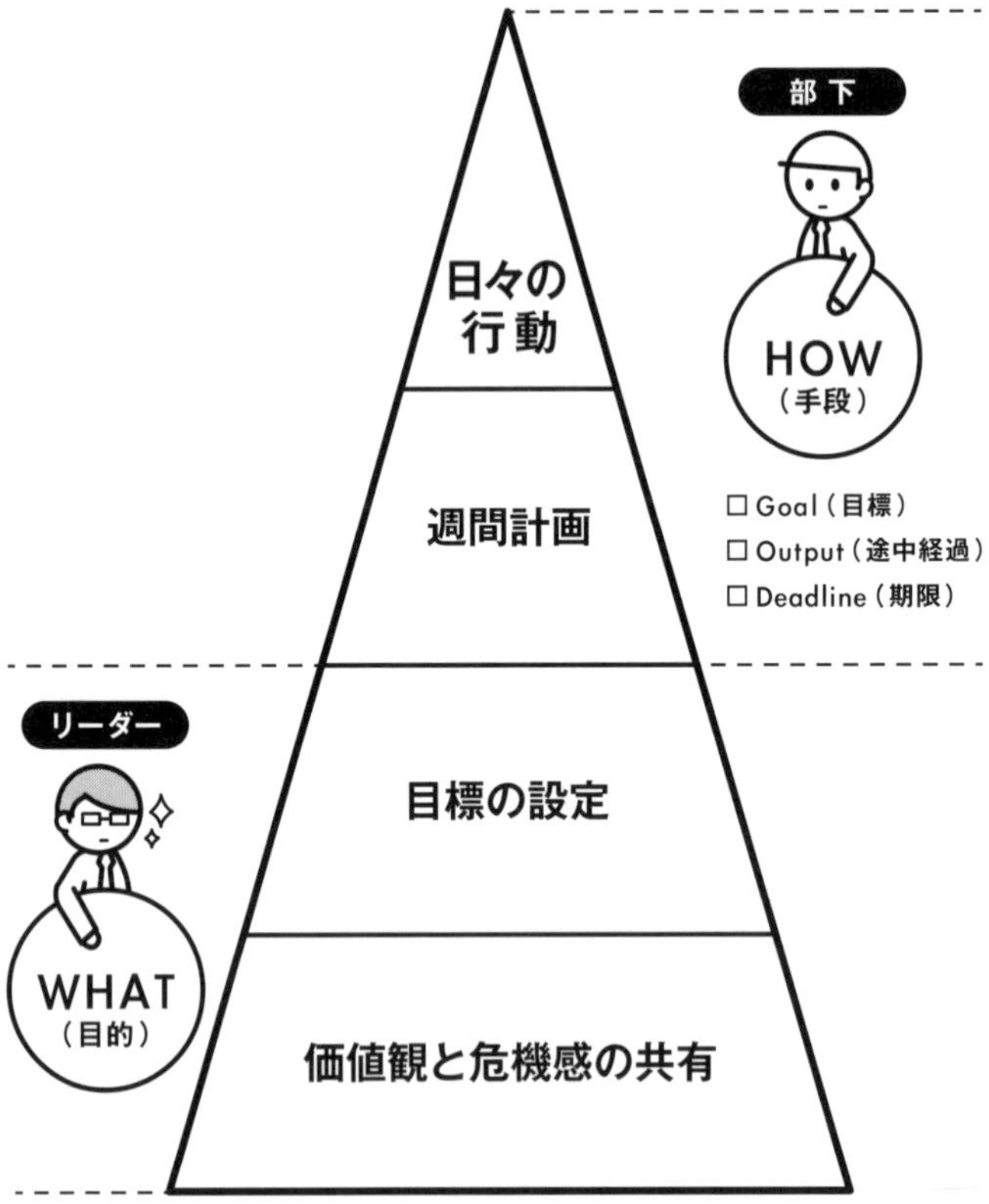

「HOW」は部下に任せる

した。

目的を明確にすれば、それに向けた手段を各自のやり方に任せることができます。つまり複数の人たちを巻き込みながら仕事をしていく際には、あるべき目標や課題そのものを明確に定義することが重要ということです。

人を動かすためには「ＷＨＡＴ」を関係者全員で明確にすることを意識してみてください。「ＷＨＡＴ」がしっかりすれば、「ＨＯＷ」についてはそこにかかわる人たちが考えることができます。

②

一体感を生み出す「価値観」と「危機感」

80%
OF THE RESULT
DEFINED BEFORE
ACTION

「富士山に登ろう」と誰かが言い出したら？

ではどのように「ＷＨＡＴ」を考えればいいのでしょうか。そのもとになるのは、「価値観」と「危機感」です。

例えば、「富士山に登ろう」と仲間が言い出したとします。そうすると「いいね」と積極的な反応をする人と、「いやオレはいいよ、そんなの嫌いだし」と消極的な反応をする人にわかれるでしょう。何かをやるときには、みんなが一気に前のめりになって積極的に反応することなどほとんどありません。

複数の人がチームになって、動くときには、それぞれがバラバラの方向を向いているよりも、同じ方向を向いているほうが、スピーディに物事を進められます。ここでぜひやりたいのが「価値観」を共有することです。

例えば新しいプロジェクトを始めるときには、「なぜこのプロジェクトをやるのか?」「そのプロジェクトを進めると、どんな影響があるのか?」「このプロジェクトに参加するメリットは?」などの問いへの答えが、価値観を形成するものになります。

言い換えると、**価値観とは、「WHAT」に向けて行動する理由づけと動機づけになる**ものです。価値観を共有すれば、意思決定が必要になったときの判断基準を共有できますし、大きく優先順位を間違うこともありません。何らかのトラブルが発生したときも、立ち戻るべき原点になります。

東北地方太平洋沖地震のときに東京ディズニーランドのすばらしい対応が話題になり賞賛されました。それができたのは、「お客様の安心・安全が最優先」という価値観を共有していたからでしょう。

価値観は「強要」ではなく「共有」するもの

価値観は重要であるにもかかわらず、なかなか見えにくいものです。だからこそリーダーは相手の価値観を的確にとらえることが求められます。

相手の価値観を知れば、相手の行動を一層動機づけられますし、複数のメンバーを無理なく統制することもできます。

自分の価値観を一方的に押し付けては、結果的に相手のパフォーマンスを落としかねません。自分が管理する対象が多ければ、そしてその対象がグローバルレベルになるとなおさらです。

価値観を共有するためにリーダーが最も意識すべき行動が、メンバーとの「会話の接点を増やす」ことです。例えば、一対一での面談や、チームメンバーとのランチ、あるいは飲み会です。こうした時間にリーダーは積極的に時間を投資するのです。

そこで重要なのは「ふだんゆっくり話せないこと」に耳を傾けることです。こうすればいろいろな発見があるものです。

そういうときこそ「仕事のやりがい」や「この仕事をすることでどんな成長の機会があるか」、あるいは「いまの仕事をやっていて楽しく感じたこと」や「いまの仕事がキャリアや生活にどれだけ意味があるか」といった質問や会話を通じて、相手が仕事にかける価値観を確かめてみるといいでしょう。

つまり、**価値観は「強要」ではなく「共有」する**のです。

お互いの価値観を押し付け合っていては、組織全体の意識と行動がなかなか一致しません。

価値観について話し合うのは非常に大切なことです。**お互いの価値観を率直に話してぶつけ合うことによって共有し、その共通認識を導き出す**のです。

価値観の共有なくしてお互いが納得して仕事をすることはできません。

「健全な危機感」がチームの一体感を生む

人が一番本気になって行動する瞬間はどのようなときでしょうか？

例えば、納期や期限が直前に迫っているのに資料の準備がうまくできていないとき、相手との約束を果たせない困難に直面したとき、あるいは自分の会社の存続や組織の存続が危ぶまれるときなどがそうでしょう。

危機感を覚えたときに人は本気になるのです。ただ、こうした不安や困難といった危機は実際に自分に降りかかる直前まではなかなか気づかないものです。だからこそリーダーは、メンバーにふだんから「健全な危機感」を持たせることが重要です。こうした「危機感」を早め早めに関係者に伝えることで周囲の人を巻き込み、行動を促す動機を意図的に与えるのです。

私も、よく「危機感を持つように」とよく上司から徹底を促されました。同時にその上司がふだん感じる危機感も頻繁に共有してもらいました。

危機感を考える際は「現状と目的のギャップ」に注目してみましょう。

まず、「現状に満足していいのか？」という点で考えます。

例えば、「現状では主力事業がうまくいっていて売上を支えているが、このままずっといけるだろうか？」といったことです。「大丈夫」という安心感が大きな障害になるかもしれません。「本当にこのままでいいのか？」という質問を自問自答してみます。現状の業務を維持した場合に、外部の競合企業や環境変化によって、その業務そのものの付加価値がなくなることもありうる話です。

「目標を達成しなかったらどうしよう？」という危機感もあるでしょう。ここでは「オレが達成しなくても何とかなる」という楽観的な思考が大きな障害となるでしょう。そこで「目標を達成しなかったらどうなるか？」を考えてみるといいでしょう。例えば、チームが目標とする数字を達成しなかったとき、最悪な場合はその組織が解散になることだってあります。

「危機感」を共有するとチームに一体感が生まれます。

物事を進める際には、必ず課題や障害となるものがあるはずです。その課題や障害を放置して手を打たずにいると、将来どんな危機が自分達にやってくるかを関係者で共有します。そうして危機感が醸成されると、それを乗り越えたい動機がチーム間に働きます。そうすれば行動が変わってくるのです。

常に「ほかに問題はないか？」のセンサーを持つ

海外で各国のリーダーが集まる会議に参加すると必ず出てくる質問に「何か課題がないか？」というものがあります。そして課題を共有したあとに出てくる質問は「私に何か支援できることはないか？」です。

この提示された「課題」に対して、解決に向けて必要な「支援（手段）」を共有するやりとりを積み重ねていくと、会議や簡単な打合せの前に常に課題を整理し、相手に何かを要求する習慣がついてきます。

ほかの人からの支援は、自分や所属する組織の目的や目標を達成するうえで非常に有効なものであり、大きなチャンスでもあります。

チャンスを最大限に活用するために、私は会社の課題、組織の課題、個人の課題の3つに分類し、それらに気づいた時点でノートに記録しています。いつ何時、課題の共有が求められても、それを的確かつ簡潔に説明できる状態にしているのです。

リーダーの仕事は問題を発見して「ＷＨＡＴ」を決めることです。そして**常に「現状に満足しない」という姿勢を示すことが重要**です。そして「現状では危険」、「いまよりもっとよくしていこう」というメッセージを部下に伝え続けることで、組織内に問題を発見しようという風土が生まれてきます。そのためには、まずはリーダー自身がふだんから問題意識を高めておくことが重要です。

問題が複雑化しやすいグローバルの舞台では、常に課題をとらえ、それを各国と共有することが大切です。そうすることで、ほかの国で起きた問題があっても、ほかの国で解決された実践例をヨコ展開して迅速にその解決に当たることができます。

「リーダーにとって一番大事な仕事は問題解決よりも問題発見だ」と言われたことがあります。リーダーのもとには自然と問題が集まってきます。問題から逃げる上司には人はついていきません。自ら表に立って問題に向き合うことで、自然と問題解決の力がついてくるのです。

リーダーは問題発見とその解決を常に最優先事項にすることです。自己責任と危機感が徹底されることで各社員が目標を達成させるための手段、そして改善点を真剣に考えるようになります。そのためにもノートなどにメモする必要があるのです。

3

「HOW」を部下に任せて結果を出してもらうには？

80%
OF THE RESULT DEFINED BEFORE ACTION

「WHAT」を決めたら、「HOW」は部下に任せるべきだという話をしましたが、これはすべてを部下に任せて、マネジメントをする必要がないという意味ではありません。当然のことですが、結果は出してもらう必要があります。

人を動かすときに、どこまで指示を出してどこから任せるかを判断するのは難しいものです。リーダーからするとあまり口は出したくないし、部下にしても上司から細かいことを言われずに、自分なりのやり方で仕事を進めたいと思うものです。

私自身の20代のときのことを振り返ると、入社数年目までは上司や先輩に「今日は何をすべきか」「どうやってそれを進めるのか」などの仕事のやり方を隅から隅まで教えてもらっていました。しかし、経験を積んでからは、自分なりのやり方で仕事の進め方を判断するようになりました。

現在のように、上司の立場になると、「自分でやったほうが早い」「自分が思う仕事の進め方のほうが確実」と思い、ついつい口が出てしまいます。それが部下によっては不自由に感じてしまうことも少なくないでしょう。

逆の立場に立つとわかることですが、こうした「HOW」の部分は思い切って任せたほうがいいのです。どのように任せればいいのかという方法論を紹介しましょう。

手段を具体的に落とし込む「GOD」

以前の私の上司たち（イタリア人、ドイツ人、アメリカ人）は、アメリカやアジア各国で200名近くの人材を管理していました。日本、中国、インド、アメリカなど国籍もバラバラで、細かく対応していたらとても仕事を回しきれませんし、何よりも成果に結びつきません。

この**上司が部下を管理するときには、お互いが何をすべきかを「文章で共有する」方法**をとっていました。基本的にはメールやパワーポイント、あるいはエクセルで文章に落とし、お互いがいつでも参照できるようにしておきます。

そして文章に落とし込んでいく際には、**「目標（Goal）」「途中成果（Output）」**

「期限（Deadline）」を書き込んでいきます。私はこれら3つの頭文字をとって**「GOD」**と呼び、自分のフレームワークとして活用しています。

部下の「目標」は2種類設定する

GODの1つである、部下の「目標（Goal）」を設定するのは、非常に難しい仕事です。

基本的には、第3章、第4章で紹介した方法で部下の目標を設定します。このときに私は**部下の目標を2種類設定する**ようにしています。

1つは**「ストレッチゴール」**、もう1つは**「コミットメントゴール」**です。

コミットメントゴールは達成責任が生じるものですから、必達ラインとして設定します。ストレッチゴールは、部下にとって簡単には手が届かないけれど、がんばれば届くラインに設定します。

コミットメントゴールはいわば公式の目標であり、ストレッチゴールは私とその部下の間での非公式な目標として設定します。

このときは、目標数字の根拠については、彼らと話し合います。私が自分の目標数字を単純に彼らに落とし込んでいくだけでは、彼らのモチベーションにつながりません。

そこで話し合いの機会を設けて、彼らの成長の度合いや本来持っている力などについて十分に話し合います。

「このコミットメントの数字は、前年比10％の伸びを設定しているけど、自分ではどう思う？」となどと聞いて話し合います。

ストレッチゴールについては、達成することによるメリットを話します。社内の評価がどう上がるか、あるいはその人のキャリアにとって、どのような意味を持つかを話し合うのです。

もちろん目標として設定する以上は、彼らに対して最大限のサポートをします。**彼らがストレッチのために提案や相談してくる内容に対しては、優先度を最大に高めます。**前年までできていること、前年と同水準のゴールに対しては、基本的に彼らに任せて自律性を尊重します。**彼らのストレッチするための努力に特化してサポートすれば、自分自身のストレッチにもつながるのです。**彼らのモチベーションやストレスの状況を見て、食事に行ったりお酒の場に誘ったりもします。

この対話でいかに彼らを動機づけられるかは、きわめて大切です。

きれいごとだと思われるかもしれませんが、私は部下の成長を本気で願っています。仕事を通じて成長すれば、ビジネスが楽しくなります。このストレッチゴールほど、彼らの成長をサポートできるものはないと私は信じています。

当然彼らがストレッチゴールを達成したときには、彼らの努力を、私は評価する責任がありますし、ほかの人に代わってアピールするべき責任もあります。

私自身にも当然目標数字はありますが、彼らをストレッチさせることが私自身の目標のストレッチにもなります。例えば部下がそれぞれ、20%ずつストレッチしてくれれば、組織自体のストレッチにもなります。ストレッチゴールへの達成アプローチのパターンを蓄積しておけば、部下をサポートしやすくなり、自分自身の成長に時間を投資していることになります。

能力に応じて「期限」と「途中成果」を設定する

「目標（Goal）」を決めたら、それを具体的に「期限（Deadline）」と「途中成果（Output）」に落とし込んでいきます。

「期限」にもとづいて、定期的にチェックポイントを設けます。これらをスケジュールソフトやグループウェアに期限を入れて共有しておけば、お互いに進捗状況をチェックできます。

こうすれば、リーダーは無駄な心配や時間を、必要以上に部下に費やさなくてすみます。一方で、部下は細かいことをいちいち言われずにすみます。何より自分でどうすればいいかを考える姿勢と、自分の仕事に対する責任感が備わってきます。

部下の能力に応じてこのGODのレベルを変えます。優秀な人には「途中成果」を高めに「期限」を長めに設定し、サポートが必要な人には「途中成果」を低めに「期限」を短めに設定します（左ページ図参照）。

サポートが必要な人には、チェックポイントを多く設定します。細かく「どうやって」の部分を管理したり、**成功体験とその成功要因を「言語化」してもらって、必要に応じてフィードバックし、「次の行動」を指示**したりします。

優秀な人については、チェックポイントは少なくなります。そのぶん、裁量権が増えのびのびと仕事をしてもらえます。優秀な人は思いつきで管理されることがなくなるので、それぞれに対して、効率的に自分の時間を投資できます。そして、前もってGODをまとめた書面に立ち返り、その内容を修正しながら自分なりの管理方法を改善していくことができます。

GODで部下に任せる

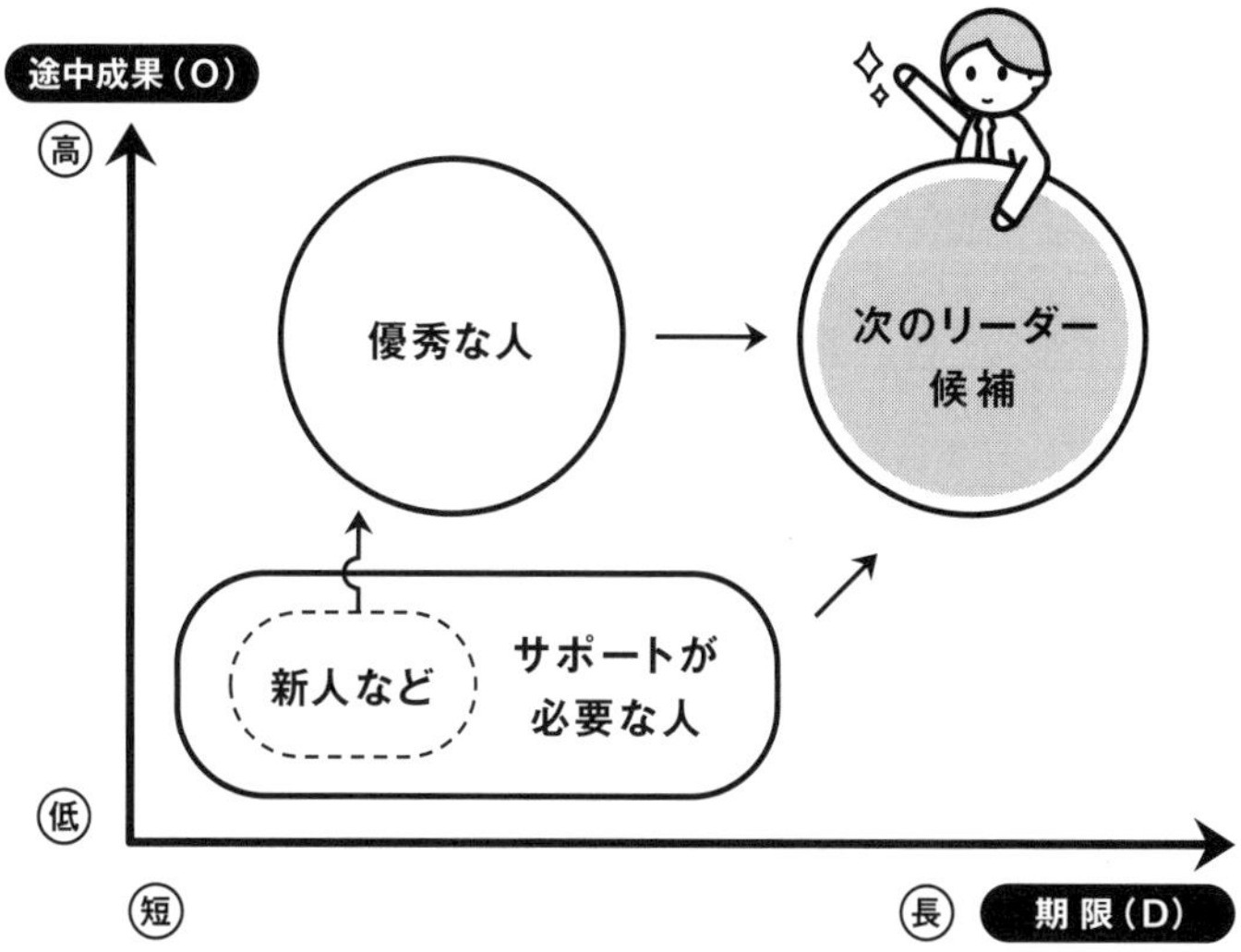

WHO	GOAL	OUTPUT	DEADLINE
A	年間目標金額（XX円）を達成	□ 上半期で目標の60%を達成する	XXXX/XX/XX
		□ 新規商談金額を年間目標のXX倍作っておく	XXXX/XX/XX
		□ 新規商談件数をXX件発掘しておく	XXXX/XX/XX
		□ 1週間の新規訪問をXX件セットする	XXXX/XX/XX
B	会社の中期計画を期限内に策定する	□ 市場動向をXX月中に完了し報告書にまとめる	XXXX/XX/XX
		□ 来年以降の施策に向けた経営課題を整理する	XXXX/XX/XX
		□ プロジェクトチームを発足し決起式を開催する	XXXX/XX/XX
		□ XX月中に中期計画の骨子をまとめ経営会議で発表する	XXXX/XX/XX

部下の能力に応じて途中成果の高さと期限の長さを変える

グローバルでは一人で複数の国の、非常に多くのメンバーを動かしていかなければならないので、こうした方法が定着しているのでしょう。私もこの「GOD」の方法を使って、40人を超える組織のメンバーを効率的に動かせるようになりました。

このGODの方法を使おうとすると、慣れないうちはこのような方法を機械的に感じ、部下に不快感を与えると思うかもしれません。しかしこの方法はあくまで双方の効率や生産性を上げるための手段です。部下の気持ちを考えながら対話を進めれば、十分にカバーできます。

慣れてしまえば、このGODの方法ほど効率的で効果的な管理方法と育成方法を両立したものはないでしょう。

結果と行動を評価につなげる「優先順位表」

優先する案件については、関係者との接触頻度を増やすことが大切だと話しました。これは社外にかぎらず社内の上司や部下においてもそうです。

あるとき上司から「君は結果へのこだわりがあっていい。結果と評価をつなげることをさらに意識するといいよ」とアドバイスされたことがあります。いくら努力しても、正当に評価されなければもったいないということを、明確に意識するきっかけになりました。

「上司から評価されない」と嘆いている人がいますが、その原因の多くは上司が考える優先順位と自分の考える優先順位のズレにあります。こうしたズレはコミュニケーション不足によるものです。ボーナスの査定のときにだけ評価を伝えるのではなく、ふだんから話し合っておくことが大切です。結果についてのコミュニケーション不足は、組織にとってもよくありません。

このズレをなくすために私が活用しているのが**「優先順位表」**です。

以前、私は週始めの月曜日に、上司（COO：最高執行責任者）とミーティングをして週単位の行動計画をすり合わせていました。

優先順位表は私の抱えている案件をリストにしたもので、優先順位の高いものから順番に並べています。私が営業企画を統括していたときは、年間約60のプロジェクトを同時に推進していました。**上司の仕事の優先順位と私の仕事の優先順位にズレが出ないように確認し合った**のです。

その上司が優先したいと思っているものを確認し、そこで大きな結果を生み出すように意識します。このときにGODも設定しておきます。

優先順位表の例

戦略フォーカス１：戦略の策定と戦略実行支援

優先度	アクションアイテム	期限 (Deadline)	オーナー (Owner)
Complete	□ XXXX業界における市場動向の調査	XX/XX	B
Complete	□ 今年のターゲット設定	XX/XX	A
1	□ XXXX年の事業計画を作成	XX/XX	A
2	□ XXXX部門に対する経営課題インタビューの実施	XX/XX	C
3	□ XXXX計画の最終報告作成	XX/XX	D

戦略フォーカス２：会社全体の業務効率の向上

優先度	アクションアイテム	期限 (Deadline)	オーナー (Owner)
Complete	□ 現行業務の課題整理	XX/XX	F
1	□ 業務課題Aに対する改善企画の実施	XX/XX	G

優先順位のすり合わせが結果を最大化する

この表作成やミーティングは15分程度で行なえます。それが結果にもつながりますし、上司の手柄になります。

この「優先順位表」によるすり合わせは、上司と部下の関係以外にも、一緒に仕事を進める関係者とでもできます。この「優先順位表」をもとにやりとりしておけば、部下にどの優先順位で着手するかを明確に指示できます。

優先順位をすり合わせることとは、「思考」「行動」「結果」の共通認識をすり合わせることにほかなりません。

行動プロセスまで細かくすり合わせる必要はありませんが、人を動かすうえで自分と同じ思考プロセスで行動してくれる人がいると心強いものです。優秀な人は必ず組織にいい結果をもたらしてくれます。

部下のミスの原因は「なぜ?」と聞かない

部下や周囲のメンバーがミスを起こしたときにどのような対応をするかは、リーダーとしての力量を問われる部分です。特に慎重さが求められるのは、部下や周囲のメンバーがおかしたミスの原因を明らかにするときです。そこで「なぜ?」と尋問してしまうと相手が萎縮してしまいます。

相手を萎縮させずに、ミスの原因を聞くときには、「なぜ(WHY?)」ではなく「何を(WHAT?)」や「どうすれば(HOW?)」の切り口で聞くと効果的です。

数年前、私は大事なプレゼン資料を作成するときに重大なミスをしました。その資料は、会社の経営の根幹にかかわる大事なもので、「間違えました」ではすまないものでした。自分でもミスの大きさがわかったので、私はアメリカ人の上司から「なぜ」「なぜ」の質問攻めにあってしまうと思い、背中に冷や汗をかいていました。

しかし、その上司は「何が足りなかったからミスをしたのか?」「どうすればこのミスが次になくなるか?」と質問してきました。ひたすら「WHAT」や「HOW」

という英語が耳に入ってきました。「ＷＨＡＴ」や「ＨＯＷ」で聞かれると、不思議なことに責められている感じはしないものです。私は冷静さを取り戻し、上司の質問に答えられ、今後のミスを防ぐための対策を立てられました。

このように「ＷＨＹ」を使わずに、「ＷＨＡＴ」「ＨＯＷ」を使って質問をすれば、相手から建設的な意見を引き出せます。**「ＷＨＡＴ」は「何が」足りなかったから失敗したのか、その客観的な原因を特定するのに役立ち、「ＨＯＷ」は同じミスをしないために「どうしたらいいのか？」その対策を相手に考えさせるきっかけになる**のです。

「ＷＨＹ」を使って理由を聞かれると、ついつい言いわけをしたくなるものです。

言いわけを述べるだけでは何ら生産的解決につながりません。「ＷＨＡＴ」による問題の特定や、「ＨＯＷ」による問題解決について聞かれると、自然と意識が過去よりも将来の次のアクションに向かうのです。ミスが起こったときには、冷静に「ＷＨＡＴ」や「ＨＯＷ」を考える癖をつけましょう。考える癖がついてから「ＷＨＹ」の質問を投げると効果的です。

○指示待ち人間にさせないための「クリティカル質問術」

部下や後輩にどこまで教えるかというのは難しい問題です。ただ何でも教えてばかりいると、本人が自分の頭で考えない「指示待ち人間」になってしまいます。ビジネスが高速化している現在にあって、短時間で深く考える力は非常に重要です。何より受け身でいるより、前向きでいたほうが、彼らの成長につながります。

ここで活用したいのが「質問」です。

質問には、「情報収集」や「確認」のほかにも「指導・教育」といった目的もあります。この**「指導・教育」を目的とした質問をして「考える」ことを習慣化させる**のです。深く考えることによって、「他人任せ意識」から脱却し「当事者意識」を持つことにつながります。彼らの参画意識を高めれば、同時にモチベーションと責任感も向上していきます。そして、「相手のなかに潜在的に眠っている面白い案」を引き出すこともできます。一方的な押し付けではこうした潜在的な力を引き出すことはできません。

この質問は組織やプロジェクトのリーダー、先輩から後輩への教育など幅広く活用できます。相手に考えさせる質問としては、以下の3点について聞いていくといいでしょう。

① 欠けている大きな視点に気づかせる

経験の浅いうちは、ある部分について検討できていないなど「抜け・モレ」があるものです。彼らから報告を受けるときには、重大なモレがないかなどを質問をして考えてもらいます。「Aについては、どう考えているの？」などと聞いて、「欠けている部分」に目を向けさせます。目標に対して、「目標をいまの2倍にしたら、さらにどんなアイデアが必要になると思いますか？」と聞いて、本人のアイデアを引き出す方法もあります。

② 考える主体を自分から他者へ転換させる

自分にとってはいいアイデアも、ほかの部署や取引先からするとそうでないケースもあります。そして組織の目標や方向性と合致しているかを検討するべきケースがあります。そのときに、相手の立場や全体最適の視点を持ちながら、自分に欠けているものがなかったか質問します。「あなたが、その顧客だったら、まず何をしてほしいと思いますか？」などと聞いて、視点を顧客や取引先の立場で考えさせる質問があります。ほかには、「経験豊富なB先輩だったら、どんなアドバイスをくれるでしょうか？」などと先輩や上司などに視点を変えさせる方法もあります。

自分で考えさせる質問リスト

以下案件A（企画、業務）がうまくいかないケースを想定して

① 欠けている大きな視点に気づかせる

- □ あなたは何を改善すればいいでしょうか？（「なぜ」仕事ができないのかとは聞かない）
- □ 案件Aを進めるにあたって、自分で何か不足していると感じていることはありますか？
- □ 目標をいまの2倍にしたら、さらにどんなアイデアが必要になると思いますか？
- □ 目標期限をいまの半分の時間で完了させるためには、どのような工夫が必要ですか？

---

② 考える主体を自分から他者へ転換

- □ あなたがその顧客だったら、まず何をしてほしいと思いますか？　あなたはそのためにいまどのような行動をとっていますか？（視点を顧客や取引先の立場で考えてみる）
- □ 経験豊富なB先輩（あるいはC上司）だったら、どんなアドバイスをくれるでしょうか？あるいはどんな対応を指示すると思いますか？（視点を上司や先輩の目線に上げてみる）
- □ 私にしてほしいことは何かありますか？　また、私にしてほしくないことは何かありますか？（自分だけでと思わせない、人を使うこと・自分でできることを整理させる）

---

③ 意見と事実とを峻別させる

- □ その課題に対して、あなた自身はどう思うのですか？（そもそもアドバイスを聞くだけで自分の意見がない場合、まずは相手の意見を引き出してあげる）
- □ その課題を克服するために何か自分で調べたこと、分析したことはありますか？
- □ その課題について、あなたの周囲の関係者は何と言っていますか？
- □ その課題についてあなたが取り組めること、あなたが取り組めないことは何かありますか？（自分がコントロールできるものとできないものにわける）

質問により自分で考える習慣をつける

③ 意見と事実とを峻別させる

ビジネスでは客観的な事実や数字が重要です。根拠が「やりたいから」など抽象的な思いだけで終わっていては、いいアイデアでも実現できません。直感から生まれたアイデアを論理づけていく方法を質問によって探ります。思い込みが強い相手に対して再認識を促すのに有効です。例えば、「Aさんがこう言っています」という部下には、「あなた自身はどう思うのですか?」と聞いてもいいでしょう。さらに意見を客観的なデータで裏付けさせるために、「何か調べた? どういう資料を分析すればいいと思う?」などと聞けばいいでしょう。

指導・教育を目的とした質問ですので、答えを強制したり与えたりするものでは相手の思考を止めてしまいます。ここで紹介した3点をふまえてよく考えて、質問することが重要です。相手とのかぎられた時間を有意義に使うためには「質問」で情報を引き出し、あるいはのびのび相手に話してもらい、会話をコントロールする心得があってもいいでしょう。話し上手よりも聴き上手を目指しましょう。

4 「あなたがなぜ必要か？」を伝えられますか？

80%
OF THE RESULT
DEFINED BEFORE
ACTION

褒め上手の欧米人、恥ずかしがりやの日本人

人を動かすときには、メンバーにモチベーションを高く持ってもらうことが、大きな原動力になります。

私はこれまでに、日本人だけでなく、イタリア人、イギリス人、ドイツ人、アメリカ人の上司のもとで仕事をしてきました。彼らは、「あなたは貴重な人材だ」「あなたの潜在能力の高さには一目おいている」「あなたのがんばりがこの会社の成長を支えてくれている」など、私を必要とする理由を明確に伝えてくれました。リップサービスもあるのでしょうが、こういう言葉をかけられてうれしくない人はいません。

海外の人たちは、相手を必要としている理由を伝えるのが上手です。一方、私たち

日本人はなかなか恥ずかしくてそんなことが言えないものです。

人は褒められて伸びるものです。しかし、それがわかっていても、褒めることが照れくさい日本人は多いはずです。**「褒め上手は巻き込み上手」**だと言えます。相手のやる気の引き出し方を知っておくことも重要です。

○「GREAT」から始めよう

ここでも欧米流の人を動かす方法から学ぶべきことがあります。それは「とにかく大げさに褒める」ということです。そしてそれが嘘っぽいと思われないよう、すぐに自分の意見や理由をつけ加えるのです。そのために、褒める最初の切り出し方の引き出しをたくさん用意しておきます。

外国人から「あなたはすごいね（You Are Great）」と言われると、慣れないうちは大げさで嘘っぽいなと思うことが多かったものです。慣れてくると、**彼らはGreatと相手を褒めたあとに、その理由をしっかりと補足してくれる**ことがわかりました。それが海外で当たり前のように繰り返されると、心地よく感じるものです。さらには自分の強みについて考えるきっかけにもなります。何よりも自信がつくでしょう。

それから私も恥ずかしがらずに大げさに褒めることを実践するようにしました。直感でも他人に対してすばらしいと思ったら、そのまますばらしいと伝えます。伝え方はいろいろありますので、そこは工夫が必要です。例えば、「すごい」や「感動した」あるいは「それいいね」などがそうです。

小泉純一郎元首相が大相撲で「痛みに耐えてよくがんばった！ 感動した」と貴乃花に言葉をかけて話題になりましたが、あれが感動を与えたのは、その理由を端的に説明したからだと言えるでしょう。

ただひと言褒めただけだと深みが足りない場合もあるので、そのあとに自分の意見を補足するのです。そうした場数を踏んでおくことで、少しずつ褒め上手になります。

褒めるポイントは気づいたところでいいのです。気配り、資料のわかりやすさ、プレゼンの上手さなど何でもいいでしょう。

こういうことに意識を向けて褒めることを重ねていくと、自然と相手に対する期待や長所がわかってきます。リーダーになると、仕事を任せることが重要になってきます。それを**ただ任せるのか、期待や長所を明確に伝えながら任せるのかだけでも、相手の反応は違ってきます。**

アメリカ人上司の教え「笑顔」は最高のスキル

「金田さん、もっと笑いなさい」

私が初めて組織を任されたときには緊張とプレッシャーのせいか表情がこわばっていました。それを見たアメリカ人の上司から言われたのです。

「お前が暗い顔をしていると、部下が心配してしまうだろう。プレッシャーがあるのはわかるが笑いなさい」と教えてもらったのです。

人とのつきあいのなかで最も重要なものは「笑顔」だと、そのアメリカ人上司に言われました。笑顔には大きな力があるのだと教えられたのです。

たしかに海外の一流のエグゼクティブが集まる会議に同席して、彼らの表情を見ていると、笑顔が多いのです。彼らは大きな責任やプレッシャーがあるにもかかわらず、それをおくびにも出さない満面の笑顔でいるのです。

社長や役員といった雲の上の存在に初めて会うと緊張します。しかし、彼らがニコッと笑顔で接してくれると緊張がほぐれるものです。

世界の一流は、意図的に笑顔を心がけているのです。彼らは、自分が笑うことによって、従業員がコミュニケーションをとりやすく仕事をしやすい環境を演出する効果があることを知っているのです。

これはリーダーが心がけておくべきことです。笑顔を磨けば、話し上手にも、聞き上手にも、頼み上手にもなれるのです。初めて組織を任されたときの私のように、プレッシャーがあるからといって、こわばった表情をしていてはいけないのです。

笑顔がいい人は自然と話題の中心になります。笑顔によって自分だけでなく自分の周りも明るくなります。そのような人には自然と人が集まってきます。これは欧米にかぎった話ではありません。インドやシンガポール、そして中国などのアジア各国でも同じことです。私が憧れる人には笑顔上手な人が多いのも共通点でした。

リーダーは、厳しい状況に立たされ、責任やプレッシャーなどと正面から向き合わざるをえない場面もあります。このときに厳しい表情をしていては、部下が不安になってしまい、本来のパフォーマンスを発揮できなくなる可能性もあります。

笑顔上手はつきあい上手です。そして笑顔は人づきあいの世界の共通言語です。笑顔でいることを心がければ「仕事力」は間違いなく向上するはずです。

POINT

CHAPTER 7

・「WHAT（目的）」をつくるのはリーダーの仕事

・「HOW（手段）」は思い切って部下に任せる

・「価値観」と「健全な危機感」を共有できている組織は強い

・部下の目標設定はダブルスタンダードでいい

・リーダーは部下の成長を願い、「ストレッチゴール」をサポートせよ

特別章

SPECIAL CHAPTER

グローバル社会を生き抜く「英語」を身につけろ

"Think Globally, Act Locally." のスタンスで仕事を進めていくときに、持っておくべき武器が英語です。英語の重要性は強調してもしすぎることはありません。英語はスキルアップにも、キャリアアップにも寄与してくれます。本章では英語を身につけるための方法のほんの一部を紹介します。

80%
OF THE RESULT
DEFINED BEFORE
ACTION

SPECIAL CHAPTER

なぜ、英語学習は「目的化」してしまうのか？

英語を勉強する目的をハッキリさせる

昨年バリ島に家族で旅行に行ったときのことです。インドネシアのジャワ島にあるボロブドゥールという世界遺産を観光したときに、ツアーガイドが話す英語は、私よりもはるかにすばらしいものでした。ボロブドゥールの歴史や文化的、宗教的背景を英語で見事に説明してくれました。

私には彼と同じように話す語彙はありませんし、すべてを理解できたわけではありません。その彼に私の仕事のことを英語で話すと、意外なことに反応がしどろもどろだったのです。

彼が英語を話す目的は、観光ビジネスを通じてボロブドゥールのすばらしさを観光客に伝えて、収入を得ることです。最低限その目的を果たす英語を身につけておけばいいのです。

この彼が示してくれる教訓は、目的に焦点を絞ることの有効性です。英語を勉強する目的を明確にしておかないと、英語の勉強そのものが目的化してしまいます。趣味なのか、試験のためなのか、ビジネスのためなのか、**英語を勉強する目的をハッキリさせておくことこそが、英語を習得する近道**です。

もし、仕事で英語を活用することが目的なら、手当たり次第に英語にふれるのではなく、あなたが英語を使いたいシーンを中心に英語を勉強したほうがはるかに効率よく習得できます。

つまり、**「必要な場面で、必要な英語を話す」ことを目的にすればいい**のです。「いつか必要になるから」という理由で、手当たり次第に本やネットで情報を集めることは得策ではないでしょう。

英語の勉強は、目指すべき結果が明確でなければ、長く続きません。ただし結果は自分の身近なところから考えたほうが現実的です。いきなり海外でハードな交渉を想定しても、なかなかイメージできず、勉強が続かずに終わってしまうでしょう。

例えば、私が29歳で英語を本格的にビジネスで使いだしたとき、「会議で自分が考えた企画を英語で発表できるようになりたい」と思っていました。ところが最初は会議でほとんどひと言も話せなかったので、少しでも発言したいと思い、その内容のいくつかを箇条書きにまとめ、チャンスを探していました。自分の出番をつくるために行動する前に準備しておいたのです。

そして発言ができた際は、そのタイミングのとり方、間の置き方などの成功体験をノートにメモしておきました。すると次の行動では、前回実行できた方法で発言をし、次は前回成功できなかった質問の受け答えに挑戦しました。こうした小さな成功と、そこから生まれた願望を次の行動へと結びつけていくのです。

これを一日1つ実行するだけで相当の単語と実践手段が身につくのです。そしてその過程で実行できた小さな成功体験を蓄積し、成功から生まれた願望を次の目標設定やアクションに結びつけるのです。

拙著『29歳からの人生戦略ノート』で説明している「蓄積型」の成長戦略は英語学習にも使えます。英語の学習においても蓄積型で身につけていったほうが成長が確実です。

英語で「掛け算」すれば希少価値が高まる

英語は他者との違いを生み出すのに最適なツールの1つです。

能力は組み合わせれば他者との違いを生み出し、結果的に希少価値が高まります（第1章コラム参照）。ビジネスパーソンにとって希少価値は重要なものです。

自分が得意とする1つのスキルに着目しても、世の中には同じレベルの人、あるいは自分より優れた人がたくさんいます。そのようななか、自分が他者との違い（希少性や差別化要素）を明確にアピールするのに「英語との掛け算」は有効です。海外に行き、英語ではネイティブに決してかなわないと思った29歳の私は、英語と自分の得意領域を掛け合わせることによって、世界の優秀な人材と同じレベルで働ける環境を短期間でつくっていったのです。

① 英語×ビジネススキル

自分をアピールできる最大の要素は「スキルの組み合わせ」です。日常会話レベルの英語では帰国子女にはかなわなくても、ビジネスの知識と掛け合わせることで彼らとは違う土俵で自分の価値を発揮することができます。英語力とビジネスの知識・経験が相まって、希少価値の源泉となります。

例えば会計士の世界。実は英語ができる会計士の数は世間のニーズに対しては少なく、「英語ができる会計士」の育成は業界の課題の1つだそうです。国際財務会計基準（IFRS）の原文は英語です。日本企業でも海外資本に買収されれば、会計で英語が必要になる場面もあるでしょう。英語ができる会計士はますます希少価値が高まるでしょう。

私自身は、「英語ができ、ＩＴ技術に精通した経営者」になることを目指しています。ヘッドハンターによると、このような人材は、日本には数えるほどしかいないと言います。「英語×ＩＴ×グローバルマネジメント」経験者は、今後、希少価値が高い人材と考えられます。

② 英語×年齢

英語はなるべく早いうちに習得するほうがいいでしょう。それによって、インプットできる経験の内容と質が激変する可能性が高いからです。経験が浅くても、英語ができるという理由でほかの人とは違う経験ができる可能性が高くなります。

ガス会社に勤めるＹさんは「英語ができる」ことが評価され、ガスを海外から買いつける部署へ異動になりました。ガスの買いつけはガス会社では花形の部署の1つで、希望しただけで異動できるものではないそうです。「同期でも自分より仕事ができる人は何人もいるけれど、英語が評価されたのが私の幸運」と彼女は言っていました。

このように、英語ができるという理由で、えがたい経験をすることができるのです。周囲よりも差別化された環境で、稀有な経験を早めにしておくと希少価値の高い人材になるでしょう。

私自身の経験を振り返っても、29歳で英語を勉強し、ビジネスで使うようになってから、視野が一気に広がりました。

英語の習得が自分の成長を大きくさせると気づいたのは30代に入ってからです。これが20代からだったらと考えると…。早く英語を勉強するほうがいいのです。

③ 英語×ドメスティックな業界

地方にかぎらず、英語とは縁のなさそうなドメスティックな業界も、英語が独自性を生み出すきかっけになります。

例えば出版業界。一見、英語とは無縁の業界に感じますが、必ずしもそうではありません。とりわけ大きな強みになるのが、翻訳本を編集できることです。私の知り合いの編集者は、英語が得意です。彼は翻訳本を手がけ、数十万部を超えるヒットを生み出しました。翻訳本を編集できることが、彼自身の強みの1つになっています。

さらに興味深いのが、この彼は英語を話すことはほとんどできないということです（謙遜だと思いますが）。これは「翻訳本」の編集という場面にフォーカスした成功例と考えることもできるでしょう。

④　英語×地域

「うちは田舎だから英語なんて関係ない」と思っている人にこそ成長のチャンスがあります。一般的には田舎で生活するほど英語と疎遠な環境だと感じるものですが、だからこそ周囲の人と差別化をするチャンスなのです。

例えば温泉やゴルフで注目を集める観光地の旅館。「あの旅館は英語が通じる」という口コミだけでも、海外からのお客様に宿泊してもらえる売りの1つになります。

ほかにもネットショップがあります。知人のネットショップのオーナーのサイトには、海外から注文がくるケースもあるそうです。物流の仕組みの違いなどもあって、海外からの注文には応じていないそうですが、商品によっては日本以外の国も商圏として取り組むことができるでしょう。

会議や議論をやりとりするコツを押さえれば、東京や大阪などの大都市でなくても地方に拠点を置くことができます。私は下関でもさらに郊外の出身ですが、いまなら帰省してもパソコンとインターネットを活用してグローバルな仕事ができます。

自分の特徴と英語をどんなふうに掛け算をすればいいか、考えてみましょう。それによって一気に可能性が広がるでしょう。

英語でインプットとアウトプットの質を激変させる

インターネット上における日本語と英語の情報量の差はどのくらいあるのでしょうか？　グーグルで検索したときに、どれだけヒットするかを考えてみましょう。

例えば「仕事術」約1330万件に対し、「business skills」はヒット数約8億件です（2012年8月現在）。検索ヒット数は1つの目安ですが、これだけ見ても差があるのです。

英語を勉強すれば、アクセスできる情報が、格段に増えます。

私が活用している情報は、商品のレビューです。例えば、あるスマートフォンが世界で順次発売されるとしましょう。あなたのほしい機種が、アメリカやイギリスで日本よりも先に発売されていたとします。すぐに手に入れられないということは逆に言うと、世界ではもうすでに手に入れている人がいるということです。仮にアメリカで先行販売していた場合、アメリカのアマゾンにでもアクセスすればレビューを見られます。日本で信憑性の低い「噂」レベルの情報を聞かされるよりは、はるかに有用性が高いでしょう。

英語が活用できるのは、プライベートのシーンだけではありません。ビジネスモデルでは日本よりも先行しているケースがあります。

マクドナルドやケンタッキーフライドチキン、タリーズコーヒーなどのように、日本の創業者が海外に着想を得た話は少なくありません。セコムの創業者飯田亮氏は、アメリカを訪れたときに「安全でお金を買う時代がくる」と考えて警備業を日本に初めて持ち込みました。海外から日本に持ち込むと「日本初」となる場合が少なくありません。セコムは、ある調査によれば現在シェア64％で業界トップです。

本書のなかでも紹介しましたが、新しい部署を立ち上げたり、プランニングしたりする過程でも、海外の事例は参考になります。

私はＩＴ業界に身を置いていますが、海外のＩＴの最新技術や新興企業、あるいは現在提案しているクライアントの最新のビジネス動向や地域トレンドを収集しておけば、情報を発信する側にまわれます。

SPECIAL CHAPTER

英語上達のコツは「楽しむ」こと

「英語の持ち歌」を披露してしまえ

「日本人が英語が苦手と言われている理由は何だと思う？」

日本語が話せるアメリカ人に質問したところ、「聞きとれる音の違い」を挙げました。彼が言うには、なるべくローマ字に変換せずに、英語そのものの音を聞く方法がいいとのことでした。英語の１つひとつをローマ字に変換してしまう習慣は、私たち日本人が英語を習得するうえで大きな弊害になっています。

英語のままに聞きとり、発音する訓練に、大活躍するのが私の大好きなカラオケです。**聞きとるときのポイントは、英語の「リズム」と「音」にあります。**

私は歌のボイストレーニングに通っているのですが、最近は洋楽をレッスンに使うことが多いです。レッスンで先生に教えてもらったなかで印象的だったのが、英語の子音（特にスーやツッのように日本人が苦手な発音）、母音（特に「あいうえお」の口の動き）、そしてリズムによるメリハリのつけ方でした。日本語のようにイントネーションが平べったい、1つひとつの文字がハッキリしている言葉は歌っていてもなかなか抑揚がつけにくいです。

「日本語耳」で英語の歌を歌ったり聞いたりすると、英語の歌が日本語のカタカナ歌になってしまうのです。

例えば「ツッ、ツッ」、「トゥ、トゥ」のラップのようなサウンド。あれは格好をつけてやっているわけではなく発音の1つなのです。つまり、私たちからすると音がハッキリしない空気のような音も、英語にとっては発音の1つなのです。それを「つ～」「と～」のように音をハッキリと出しては別の歌のようになってしまいます。

最初は完全にコピーするつもりで「なりきること」も肝心です。英語を音楽として耳に入ったとおりに聞き、そして歌ってみることです。そしてわからない音が出ても、そのまま聞いたとおりに発音してみるのです。

英語のリズムが身につくと、英語のリスニング力も飛躍的に伸びます。ふだん、英語をたくさん聞いていてもなかなか英語が聞きとれない人は、英語のリズムに注目していま一度リスニングを訓練すると意外とその上達が早いのです。

カラオケが好きな人は、ぜひ歌いながら英語の音やリズムに耳を慣らしていくといいでしょう。たくさんの音楽を聞くほど、たくさんの英語の音にふれることができるはずです。そして人前で披露しながら、自分の上達を確認すると楽しく英語が実践できます。私は、外国人と一緒にカラオケに行くことをやる気のモチベーションにしているくらいです。

仕事が終わった息抜きに、友人たちとカラオケに行ってみるのはいかがでしょう?

月1回は「英語以外禁止ランチ」をやっちゃえ

「ランチ時間」をどのように過ごしていますか?

日本では、ランチ時間になると弁当を買ってデスクで食べたり、一人でぱっと外食ですませたりすることがよくあります。私も同様で「ランチ時間」を有効に活用できていませんでした。

一方、海外出張に行くとランチ時間を有効に活用している人が多いのです。例えば、大勢でランチに行って午前の会議に関して気軽に話してみたり、違う部門同士で情報交換したりしています。オフィスとは違う雰囲気で会話を楽しみ、とても生産性の高い時間を過ごしているのです。特に欧米の場合はその広い敷地を使って、外で芝生の上でリラックスしながらランチができて、とてもうらやましく感じました。

こうした経験を繰り返していくうちに、ランチ時間をうまく活用すれば、夜にお酒を飲みながら話すのに近い環境で気楽に話ができることがわかってきました。

そしてランチ時間を活用して外部の人と情報交換したり、組織のメンバーで意見交換をしたりするようになったのです。ランチであれば、時間がかぎられているのでダラダラすることもありません。そして食事をとりながらリラックスして話せます。

これは私自身が欧米から学んだランチ時間活用術でもあります。

私は、英語でのコミュニケーション力を高めるために、外国人の同僚や部下、あるいは上司と最低でも1週間に一回はランチをすることにしています。外国人の友人や同僚がいる人は、定期的に外国人とランチをしてみるのもおすすめです。海外滞在経験があるけど、英語を使う機会が減ってしまったために英語力が鈍ってきた人にもこの方法はおすすめです。

もし外国人が周りにいない場合は、**週に一度、あるいは月に一度は知人や友人と「英語パワーランチ」をする**のです。知り合いどうしですので、自分たちが慣れた身近な話題、関心の高い話題で会話ができます。

そこでは無理をせずに、自分の趣味や仕事のことなどを英語で話し合ってみるとよいでしょう。そして、新しい表現を覚えたら、ぜひお互いに褒め合いましょう。成長を認識できれば、学習意欲はますますあがります。

一人で孤独に英語を勉強するよりも、身近な友人などと一緒に英語を勉強したほうがはるかにモチベーション高く英語を勉強することができます。

ランチ時間をどう活用するかがポイントです。

耳にタコができるほど「リピート」してしまえ

前述したインドネシアの観光ガイドさんと話していて、もう1つ気づいたことがあります。彼は、私に比べて一般的な英語の表現力がとぼしいのですが、観光に関しては私よりもはるかに英語が優れているのです。私が知らない英単語や言い回しをたくさん使います。つまり彼はガイドの仕事を通じて同じ表現を何度もリピートしているのです。

ポッドキャストやCDといった英語の教材を、手当たり次第にダウンロードして利用している人がいます。もちろんこうした英語学習法もありますが、実際にすぐに使える力がついているかというと疑問です。想定するシーンがあまりに多すぎて、実際にそうしたシーンに遭遇する機会がなかなかないからです。

例えば仕事や、旅行、趣味のことなど、自分が英語で使いたい目的に絞って、それに関連する教材を集中して勉強したほうが効果的です。教材を絞っているから覚える単語が少なくなってしまうと不安になるかもしれませんが、これだけでも十分に関連する用語を習得できるので様々なシーンに応用がききます。それが自分の得意分野であれば、楽しんで英語が勉強できますし、多少わからない単語や言い回しがあっても勘が働くものです。

特に会社の行き帰りで新しい英語の教材を聞いてもなかなか集中できないものです。ある程度英語が聞きとれるようになった私でも、よほど集中しないかぎり、内容がうまく聞きとれません。英語を聞き流すことはできますが、そのときに何か新しい発見や習得するものがあったかというと疑問です。

教材は1つに絞って耳にタコができるくらい繰り返して聞いたほうが効果が高いはずです。あくまで経験則ですが、私は同じ内容を最低10回、行きと帰りにそれぞれ10分間を使って1週間で1つの内容を聞き続けました。新しい発見があるたびにノートや携帯にメモをし、次の日に同じ内容を聞く前にそれを振り返っていました。

複数の教材を1回ずつ聞くよりも、1つの教材を何度もリピートするパターンに集中するのです。繰り返し話す単語やその言い回しは頭の中に残りやすくなります。そして同じ表現を繰り返すなかで類似語を覚えていけば圧倒的に語彙を増やすことができます。これは自分が英語を話す目的がハッキリすればするほど効果を発揮します。

低コストでネット英会話に入ってしまえ

仕事で忙しい人が、英会話学校に通う時間をとるのはなかなか難しいものです。実際、私は30歳の時に会社の近くにある英会話学校に申し込んだのですが、最初の数回で挫折してしまいました。ここで大きく2つの「選択肢」があります。1つは時間管理をしっかりし、英会話学校に通い続けること、そしてもう1つは時間に制約されなくても英会話学校と同じように英語ができる環境を見つけることです。

後者の手段として、ネットで英会話サービスを提供している「イングリッシュタウン（Englishtown）」を申し込みました（URL：www.englishtown.co.jp/）。イングリッシュタウンを選んだ理由は3つあり、低コストであること（なんと月々

6900~円だけ)、時間の制約がないこと(時差を使って世界中のネイティブ講師にアクセスできるためいつでも受講可能)、そして世界中のノンネイティブの受講生と一緒に授業が受けられること(日本だと受講生も日本人で横からの学びも少ない)でした。ネットワーク上にヘッドセットをつけてアクセスするので、地域や時間に制約されずにサービスを受けられるのです。最近ではiPhoneやiPadなどのスマートメディアに対応したサービスも提供しているので、ちょっとしたスキマ時間に学習できます。

仕事から帰って30分でも(疲れているときは10分だけでも)イングリッシュタウンを活用していました。おそらくほかの受講生と違った、以下のような活用もしていました。

① 徹底して自己紹介をリピート

毎回先生や生徒が変わるので、毎回同じ自己紹介を反復して練習しました。そのために事前に自己紹介文を作成し、その都度修正してきました。5回くらいレッスンをすれば英語での自己紹介が完璧になります。

そして慣れてくると、自己紹介をふくらまして自分の趣味や仕事のこと、あるいは日本の慣習など、話すテーマを広げて会話ができるようになりました。自己紹介に対し先生や参加者からの質問がくることで、自分のモチベーションが向上し、英語で自分に関することを相手に伝える技術や楽しさがわかってきました。相手に関心を持ってもらい、また伝える意欲が湧いたのです。

②　徹底してノンネイティブの受講生が入る時間を活用

日本人受講生がよく利用している時間帯を避けていました。アジアやヨーロッパ各国のノンネイティブと会話をすることで、英語完璧主義から脱却し、カタコトでも英語で自分の意見を伝えることの楽しさを知りました。みんな英語の勉強に苦労しているのです。そしてネット上でお互いの英語学習の工夫を共有し合いました。それを知っただけでも大きなはげみになりました。

③　徹底して自分の発音を録音

英会話学校で自分の英語を録音すると何となく恥ずかしいのですが、ネット上ではパソコンの向こう側で何をしていても相手には見えません（テレビ電話を使う場合は少し工夫が必要ですが）。

そこで鏡で自分の口元を見ながら発音を確認したり、自分が話した内容を録音して次の日の通勤時間でそれを聞いていました。先生にわざわざ「～の部分の発音を教えてほしい」とお願いし、そのビフォー／アフターを録音で確認したこともありました。自分が思った以上に発音の変化を感じました。イングリッシュタウンの発音ツールを利用して、日本人にとって苦手な発音も徹底的に繰り返し練習しました。

④ 徹底して質問に集中

英語が話せないときは、なかなか授業中にうまい英語表現が出てきませんでした。どうしても頭の中で英語の文章を組み立てタイミングを見計らって発信することの繰り返し。そのため幾度となく発言のチャンスを逃してきました。

そこで考えたのが話すことよりも質問に意識を切り替えることでした。質問であれば「Do you ～?」のような Yes／No 質問か、５Ｗ１Ｈのように最初の切り出すパターンが決まっています。そして発言するよりも短い文章ですみます。

最も重要なことは、そのクラスできちんと存在感を示すことです。質問をすれば必ず先生やほかの受講生から答えが返ってきますし、そのぶん自分に直接的なインプットが入ります。それだけ一生懸命相手の答えを聞きますし、気づくとたくさんの単語が記憶できているのです。

質問に質問で返されて、それに答えられなくても大丈夫。その悔しさを次の機会にぶつければいいからです。少なくとも事前に頭の中で文章を考えてタイミングを図る余裕は回答時にはないので、変な習慣から脱却できます。

⑤ 徹底してスキマ時間を活用

家では早朝や帰宅後に10分でもイングリッシュタウンを活用していました。もちろん、長いときは2時間以上、イングリッシュタウンで英語を話していました。また会社でもランチ時間を活用して30分～1時間ほど英語を勉強していました。英会話学校ほどの事前の予約やキャンセル連絡は必要ありません。より気楽にそして気軽にスキマ時間を使ってイングリッシュタウンを活用しました。

これらの方法はイングリッシュタウンにかぎらず、英語学習や実践の場においても役立つはずです。またイングリッシュタウンは7年前の当時からますますサービスの幅を向上させています。ぜひ英語力を高める選択肢として検討してみてはいかがでしょうか？

SPECIAL CHAPTER

英語は実践で鍛えたほうが早く身につく

会議では「英語でノート」をとろう

ノートを英語でまとめる方法により、日常のあらゆるシーンで英語を学習することができます。ノートは、ほとんどの人が会議や商談などで活用しているものです。会議中の重要なポイントを英語でまとめてみましょう。

例えば**会議中に出てきた重要なキーワードを英語でノートに記録**してみます。そのうち会議で頻繁に使う英単語が、ノートへの記録とともに記憶に残っていくはずです。あるいは会議中に出てきた重要な発言を英語で書きとめてみます。

文法や体裁はまったく気にすることなく、単語と単語のつなぎ合わせでもいいのです。その会議でよく出てくるのと同じ傾向の英単語や言い回しを身につけることができます。

きます。

慣れてきたら、①会議の概要（日時と参加者）と目的、②アジェンダ、③議論のポイントを英語で整理できるように心がけましょう。英語で長い文章を書く必要はないので、複雑な英語の文法や言い回しを使うこともありません。正確な英語を書くことに時間をかけるよりは、間違っていても瞬間的に自分の頭の中にある単語でまとめてみることのほうが大事です。あえて難しい単語を使う必要もありません。むしろリアルな場ではその都度的確な単語が出ないケースがほとんどです。中学生レベルの単語で複数を組み合わせて、自分が伝えたい単語の意味を表現することも多いです。

会議中に適当な英語表現が出てこなかった場合は、日本語でメモしておいてあとで電子辞書で調べるようにします。会議中に英単語を調べるのではなく、あくまで議論に集中することです。

わざわざ日本語の会議を英語でまとめるなど面倒に思えるかもしれません。しかし、私が実際に海外の会議に参加する際は、むしろ日本語でノートにまとめる余裕がないくらいにスピーディに議論が進みます。つまりいつか海外の会議に参加するために英語でノートにまとめる訓練は必要です。

慣れないうちは自分が参加してつまらないと思う会議の内容を英語でメモしてみま

しょう。つまらない会議でも英語学習をかねて参加することでやる気が起き、時間の無駄遣いを避けることができるでしょう。

プレゼンのあとの質問はメールで逃げる

英語での会議もどうしたらいいか困りましたが、それに比べるとプレゼンはやりやすいほうでした。

ベンチマークしているプレゼンが得意な人にお願いして、ＩＣレコーダーでその人のプレゼンを録音させてもらっていました。これもスキマ時間を有効活用して、教材として聞くようにして、だいたいの雰囲気とコツをつかんでおきました。

いざ自分が発表するときには、英語を暗記すれば体裁は整えられます。パワーポイントを活用しながらのプレゼンであれば台詞が飛ぶことはありません。

それでも心配だった私は、いざというときのためにスクリプト（台本）も用意しておきました。プレゼンは自分の使える英語を使ってプレゼンするものだから、資料をつくるときこそ大変ですが意外に何とか話せるものです。

資料を作成するときのポイントは、**最後のスライドに自分のメールアドレスを載せ**

ておくことです。

海外のプレゼンでは、質問タイムをどう乗り越えるかが難しいところです。話すのは何とかなるのですが、自分にない語彙などで質問されてしまうと、聞きとれないことも少なくありません。想定の質問を用意しておけば対応できるとはかぎりません。

当時の私には、難しい質問が飛んできたときに満足に答えられる英語力がありませんでした。そこで考えたのが、メールアドレスとともに「質問はメールでお願いします」とスライドに記載しておくことでした。

実際に質問のメールが送られることもあります。しかし、質問メールについてはリアルタイムでやりとりするわけではないので、少し返信に時間がかかってもそれほど大きな問題にはなりません。

この「質問はメールで受ける」という方法は有効です。メールを作成する過程で、どういうに答えればよかったのかを考えられます。そうすると次に同様の質問があればその場で答えられます。もちろん質問をその場で答えられるレベルまで英語力を磨く必要があるのは言うまでもありません。

ＴＯＥＩＣはいらない!?

私はＴＯＥＩＣを10年近く受けていません。しかし、ビジネスで英語に不自由を感じることはほとんどないくらいに英語を話せるようになりました。

むしろＴＯＥＩＣのスコアが８００点以上でも、ビジネスでほとんど英語が話せない人や、話せても一般的なことしか言えずに実践では通用しない人もいます。受験英語ならぬ「ＴＯＥＩＣ英語」とでも呼べばいいでしょうか。

彼らは私よりはるかに英単語を多く記憶しているでしょう。ただ実際に話すときには、幅広い単語を知っていることよりも、かぎられた単語のなかでも瞬間的に自分の意見を主張したり、類推しながら相手の意見を理解したりすることのほうが大事です。もちろん語彙が多いのに越したことはありませんが…。

スコアの高さがそのまま実際の英語力にはつながらないので、私はＴＯＥＩＣに懐疑的です。しかし、ＴＯＥＩＣのスコアを社内の昇進や異動の前提条件にしている企業も多いのは事実です。そうであれば、勉強して最低ラインを早くとるしかないでしょう。

しかし最低ラインのスコアをクリアしてからは、そこから過度にスコアにこだわっても時間がもったいないと思います。TOEICのスコアを800点から900点にする努力をするよりも、いまある仕事を英語で説明し、海外のプロジェクトや会議を推進する力をつけたほうがはるかに成果に結びつくからです。

TOEICのスコアは社内の昇進だけではなく、転職の条件になっていることもあります。私自身も過去に転職活動をしたときに、ある会社でTOEICのスコアを聞かれました。そのときに「10年以上前から受けていません。いま英語でインタビューしてください」と伝えました。それだけで十分に自分の英語力は証明できたわけです。

TOEICを長い間受けていない私は、TOEICについて何かを伝える立場にありません。しかし、それが昇進や海外勤務の条件になっているのであれば努力するしかありません。ただし、本当に重要なことはTOEICの条件をクリアしたあとにあるのではないでしょうか。

・英語は「掛け算」で他人との差別化につながる
・英語習得の近道は「楽しむ」ことと「使う」こと
・どのようなシーンで英語を使うのかをイメージする

POINT
SPECIAL CHAPTER

日本から世界へ「ベストプラクティス」を発信しよう

世界で活躍する日本人スポーツ選手が増えてきました。彼らは肉体的なハンデがあるにもかかわらず、世界の舞台で戦い、結果を出しています。世界で活躍する彼らに、私は強烈な憧れを覚えます。

ビジネスの世界でも彼らのように活躍する人になりたいと思っているからです。これは私自身の「ストレッチゴール」です。

まだまだ「小さな成功」にすぎませんが、日本で成功した事例を「ベストプラクティス（最高の成功例）」として世界へと紹介するような経験もしました。このような事例をどんどんつくっていこうと考えています。

いまでこそ、「世界でもやっていける」という手応えをそれなりに感じられるようになりましたが、新卒で入社した当時はとてもそんな状態ではありませんでした。優秀な同期たちと比べると、私は「学歴なし、技術力なし、英語力なし」と何も武器を持ち合わせていなかったのです。いわば最後尾からのスタートでした。

国内外のデキる人をベンチマークして徹底的に真似てビジネススキルを吸収し、どうせ失敗すると言われながら新しいビジネスモデルを立ち上げ、笑われるようなストレッチゴールに挑戦して思考と行動を革新させ、コミットメントで目標達成にこだわってきた結果です。

つまり、本書で紹介した「行動する前」のスキルを愚直に磨いてきたのです。

本書を読んでいただいたあなたは、焦り、重圧、責任、プレッシャーを抱えながら必死に結果を求めようとしているのかもしれません。あるいは、日本だけでビジネスをすることに限界を感じているのかもしれません。

その結果を求める姿勢と、このままではいけないという危機感こそが、あなたの「伸びしろ」であり成長の原動力になるのだと、私は確信しています。業界や会社の成長状況が思わしくなくても、それは個人の成長に自ら線引きする理由にはなりません。

本書をきっかけに、あなたの仕事の進め方に「革新」が起こり、昨日の自分よりもいい結果を出してもらいたいのです。それが達せられれば本書の目的は達成したと言えます。さらに、日本から世界へ「ベストプラクティス」を発信するなど、日本が世界に立ち向かう力を養う一助になれば、著者としてこれ以上の喜びはありません。

今後もブログやフェイスブック、ツイッターなどを通じて、役立つ情報を積極的に発信していきますので、そちらもご覧いただければ幸いです。

最後に、本書を完成させるのは、著者の私でも出版社でもなくあなた自身です。本書を読んで、あなたが行動して結果を出したときに、本書は完成したことになります。

最後まで読んでいただき、ありがとうございました。あなたのますますのご活躍を祈って。

２０１２年８月

著者　金田博之

参考文献

エリザベス・ハース・イーダスハイム著、村井章子訳（2007）
『マッキンゼーをつくった男　マービン・バウワー』
ダイヤモンド社

ジョン・P・コッター著、梅津祐良訳（2002）
『企業変革力』
日経BP社

マービン・バウワー著、平野正雄監訳、村井章子訳（2004）
『マッキンゼー 経営の本質』
ダイヤモンド社

金田博之（2011）
『29歳からの人生戦略ノート』
日本実業出版社

堀公俊、加藤彰（2006）
『ファシリテーション・グラフィック』
日本経済新聞社

著者関連ウェブサイト

［ブログ］
「30代の人生戦略ノートと成長日記」
http://ameblo.jp/dolphin55/

［フェイスブック］
『金田博之　がんばる人応援活動専用サイト「Think Globally, Act Locally!」』
http://www.facebook.com/Strategynote

［ツイッター］
http://twitter.com/Strategynote

金田博之（かねだ　ひろゆき）
1975年生まれ。東京都立大学卒業後、98年SAPジャパンに入社。入社以来、マーケティング本部で社長賞受賞、29歳で異例の副社長補佐への抜擢をはじめ、30歳でSAPジャパン史上最年少で部長に着任、35歳で営業企画本部本部長に就任、36歳でSAPジャパンのチャネル営業を統括する責任者に就任するなど、「史上初」「史上最速」を代名詞に、それぞれのステージで圧倒的な結果を残す。アメリカ・ドイツ・アジア各国はじめ様々な国の人とともに働き、結果を出した業績が認められ、グローバル全社60000人の世界上位2%にも6年連続で選出されている。著書に『29歳からの人生戦略ノート』（日本実業出版社）。「日経ビジネスアソシエ」「THE21」「日経トレンディ」などメディア掲載実績多数。

結果《けっか》は「行動《こうどう》する前《まえ》」に8割《わり》決《き》まる

2012年9月20日　初版発行

著　者　金田博之
発行者　杉本淳一

発行所　株式会社日本実業出版社　東京都文京区本郷3－2－12 〒113-0033
大阪市北区西天満6－8－1 〒530-0047
編集部 ☎03－3814－5651
営業部 ☎03－3814－5161　振　替　00170－1－25349
http://www.njg.co.jp/

印刷／厚徳社　製本／若林製本

この本の内容についてのお問合せは、書面かFAX（03－3818－2723）にてお願い致します。
落丁・乱丁本は、送料小社負担にて、お取り替え致します。

ISBN 978-4-534-04992-6　Printed in JAPAN

日本実業出版社の本

29歳からの人生戦略ノート

著・金田博之　定価：1575円（税込）

20代後半～30代は、仕事、転職、お金、ストレス、プライベートなど、不安をリアルに感じる世代です。本書はその不安を、SAP世界5万人の上位2%に選ばれ、グローバル企業の第一線で活躍する著者オリジナルの「不安を書き消すノート術」で解決します。

結果を出し続けるために

著・羽生善治　定価：1260円（税込）

25歳で史上初の七冠達成し、40歳を迎えた現在、19年連続王座、永世六冠の自在の棋士・羽生善治名人が明かす、結果を出し続けるために大切な3つのこと。「決断プロセス」「不調の見分け方」など、何度でも立ち返りたい仕事と人生のヒント。

戦略思考コンプリートブック

著・河瀬誠　定価：2100円（税込）

今後のビジネスパーソンに必要不可欠な「戦略思考」。その思考法を頭で理解するだけにとどまらず、実際のビジネスの場面で活かせる「論理力＋想像力」としてとらえ、戦略思考を具現化するための手法を、最先端ツールを用いて解説。

●上記の価格は消費税（5%）を含む金額です。●定価変更の場合はご了承ください。